大数据管理与应用
新形态精品教材

Python
商务数据分析

微课版

高广尚◎编著

人民邮电出版社
北京

图书在版编目（CIP）数据

Python 商务数据分析 ： 微课版 / 高广尚编著. 北京 ： 人民邮电出版社，2024. 6. -- （大数据管理与应用新形态精品教材）. -- ISBN 978-7-115-64624-8

Ⅰ. F7-39

中国国家版本馆 CIP 数据核字第 20249NF887 号

内 容 提 要

本书分为 Python 基础知识、数据分析基础知识和综合案例三个部分共 10 章。Python 基础知识部分系统讲解 Python 语法、开发工具、编程方式、函数、模块等基础知识。数据分析基础知识部分重点介绍 NumPy、Pandas、Matplotlib 和 Seaborn 中的数据处理与可视化方法。综合案例部分通过案例驱动的方式，指导读者运用所学知识完成数据处理与模型建立。书中每章末均配有习题和实训供读者练习，以巩固所学知识。

本书配有 PPT 课件、教学大纲、电子教案、课后习题答案、模拟试卷及答案等教学资源，用书老师可在人邮教育社区免费下载使用。

本书内容通俗易懂，案例丰富，注重知识的实际应用。本书适合作为高等院校计算机、统计、数学等专业相关课程的教材，也可供数据分析领域的技术人员、数据科学家和相关研究人员参考。

◆ 编　　著　高广尚
责任编辑　王　迎
责任印制　胡　南

◆ 人民邮电出版社出版发行　　北京市丰台区成寿寺路 11 号
邮编　100164　　电子邮件　315@ptpress.com.cn
网址　https://www.ptpress.com.cn
涿州市京南印刷厂印刷

◆ 开本：787×1092　1/16
印张：12.75　　　2024 年 6 月第 1 版
字数：285 千字　　　2024 年 6 月河北第 1 次印刷

定价：49.80 元

读者服务热线：(010)81055256　印装质量热线：(010)81055316
反盗版热线：(010)81055315
广告经营许可证：京东市监广登字 20170147 号

前言

党的二十大报告指出，“教育、科技、人才是全面建设社会主义现代化国家的基础性、战略性支撑。必须坚持科技是第一生产力、人才是第一资源、创新是第一动力，深入实施科教兴国战略、人才强国战略、创新驱动发展战略，开辟发展新领域新赛道，不断塑造发展新动能新优势。”

随着人工智能的兴起和大数据时代的到来，Python 已经成为数据科学与人工智能领域不可或缺的编程语言和分析工具。为了帮助读者在数据分析中应用 Python，提升数据处理和分析能力，满足数据科学研究与工程应用的需求，编者结合多年来在该领域的教学与研究经验，精心编写了本书。

本书内容系统全面，实例丰富直观。通过学习本书，读者将能够掌握 Python 在数据分析中的核心用法，培养独立分析与解决问题的能力，为从事数据科学研究奠定坚实基础。

本书分为三个部分。

第一部分（第 1 章～第 3 章）：Python 基础知识。包括初始 Python、Python 开发工具、Python 编程基础。

第二部分（第 4 章～第 7 章）：数据分析基础知识。包括 NumPy 数据分析、Pandas 数据分析、Matplotlib 数据绘图、Seaborn 数据绘图。

第三部分（第 8 章～第 10 章）：综合案例。包括咖啡销售情况分析、员工离职风险预测、航班乘客数预测。

本书的主要特色如下。

（1）内容系统：对 Python 的数据分析进行全面介绍，适合初学者从入门到进阶。

（2）结合实例：大量实例加深读者对知识点的理解，提高读者知识运用能力。

（3）案例实战：使读者能够在实践中巩固知识，提升解决实际问题的能力。

本书使用的 Python 版本如下。

本书采用的是 Python 3.11.2。在学习和实践过程中，请确保您使用的是 Python 3.x 系列的解释器。Python 2.x 在 2020 年已经停止维护，强烈推荐使用最新的 Python 3.x 以获取更好的语法支持和更多功能。

编者建议读者按照每周一章的进度进行学习，并完成每章中的习题和实训，以达到事半功倍之效。本书内容较为丰富，初学者也可以根据个人情况适度放缓学习进度。

本书由广西民族大学人工智能学院软件工程系的高广尚博士，根据多年来在 Python 编程和数据分析方面的教学与研究经验编写而成。编者在编写本书过程中得到了学院的大力支持，在此表示感谢。

鉴于编者学术水平有限，书中难免存在欠妥之处。编者由衷希望广大读者朋友和专家学者能够拨冗提出宝贵的修改建议，修改建议可直接反馈至编者的电子邮箱：25969393@qq.com。

编　者

目录

第一部分 Python 基础知识

第二部分 数据分析基础知识

第一部分

Python 基础知识

本部分首先深入介绍 Python 的历史、优缺点和应用领域等，使读者深刻理解其背景；然后探讨 Windows 环境下的 Python 配置和用 Visual Studio Code 编辑器编写 Python 程序的技巧；最后系统地介绍 Python 的基础语法、数据类型、运算符、流程控制、函数等核心构建块，通过实例帮助读者牢固掌握 Python 编程的基础知识。本部分将为读者奠定 Python 编程的坚实基础，并为读者涉足 Python 高级应用领域提供充分支持与重要指导。

第 1 章 初识 Python

Python 是一种简单易用且功能强大的编程语言，具有语法简洁、动态类型、面向对象编程、函数式编程等特点。它在数据分析、人工智能等领域发挥着重要作用。本章将介绍 Python 的历史、优缺点、应用领域，以及在 Windows 系统下的安装方法。同时，通过简单的 Hello World 程序演示 Python 编程的基本步骤，为后续的数据分析奠定基础。学习本章后，读者将对 Python 有全面的了解，并掌握在 Windows 系统下配置 Python 环境、编写和运行 Python 程序的基本技能，为后续使用 Python 进行数据分析打下坚实的基础。

【学习目标】

- 了解 Python 的运行环境与开发工具，能够利用 IDE、标准库和其他工具提高开发效率。
- 了解在 Windows 系统上安装 Python 解释器和编写简单 Python 程序的基本步骤，能够在本地配置 Python 环境并运行 Python 代码。

1.1 Python 简介

Python 拥有强大的生态系统，在 Web 开发、科学计算、人工智能等领域有着广泛的应用。尽管它的执行效率较低，但可以通过优化和调用 C/C++代码来改善。Python 易学易用，拥有活跃的开源社区。

（1）Python 的历史

Python 由吉多·范罗苏姆（Guido van Rossum）于 20 世纪 80 年代末发明，经历了 1.0、2.0、3.0 等多个重要版本的发布。每次更新版本通常增加了新功能，也带来了不完全的向后兼容性。目前使用最广泛的是 Python 3.x 系列。

Python 的版本号分为 3 段，形如 A.B.C。其中，A 表示大版本号，一般当 Python 整体重写或出现不向后兼容的改变时，增加 A；B 表示功能更新，当出现新功能时，增加 B；C 表示小的改动（例如，修复了某个 bug），只要有修改就增加 C。本书使用的 Python 3.11.2 是在

2023 年发布的。

（2）Python 的优缺点

优点：简单易学、开源、跨平台、生态完善、可扩展性强等。

缺点：执行效率较低、框架选择困难等。

（3）Python 的应用领域

Python 的应用领域非常广泛，包括但不限于以下领域。

① Web 开发：Django、Flask 和 Tornado 等框架可以用来开发 Web 应用。

② 数据分析和科学计算：NumPy、Pandas、Matplotlib 和 Scikit-Learn 等库可以用来进行数据分析、统计和机器学习等领域的计算。

③ 自然语言处理：NLTK、SpaCy 等库可以用来处理文本数据和自然语言。

④ 人工智能和深度学习模型的构建：TensorFlow、PyTorch 和 Keras 等库可以用来构建人工智能和深度学习模型。

⑤ 游戏开发：Pygame 等库可以用来开发游戏。

⑥ 自动化测试和批处理：Python 可以用来编写自动化测试脚本和批处理脚本。

⑦ 系统管理和运维：Python 可以用来编写系统管理和运维脚本，如自动化部署、监控和日志分析等。

1.2 Python 开发环境

（1）Python 运行环境

Python 可以运行在多种操作系统上，如 Windows、Linux、macOS 等。Python 解释器有 CPython、IPython、PyPy 等，其中 CPython 最为通用。除了使用基础的命令行环境，开发者也可以使用集成开发环境（IDE），如 PyCharm、Spyder 等。IDE 提供代码高亮、代码补全、调试、可视化等功能，可以提高开发效率。

（2）Python 标准库和开发工具

Python 标准库和开发工具都可以提升开发效率，是 Python 编程的基础。

Python 标准库提供了大量内置的模块和函数，涵盖数据结构、文本处理、网络请求、系统管理等功能。

Python 常用的开发工具如下。

- 代码编辑器：Visual Studio Code、Sublime Text 等。
- 调试工具：pdb、ipdb、pudb 等。
- 测试框架：unittest、pytest 等。
- 文档生成工具：Sphinx 等。
- 版本控制工具：Git、SVN 等。

1.3 Python 解释器

1-1　Python 解释器

在学习 Python 之前，我们需要在自己使用的计算机上安装 Python 解释器。下面将以安装官方的 Python 解释器为例，讲解如何在 Windows 操作系统上安装 Python 环境。官方的 Python 解释器使用最为广泛，是用 C 语言实现的，通常称之为 CPython。

1.3.1　安装 Python

（1）打开 Python 官方网站：https://www.python.org/。

（2）在官方网站主页找到“Downloads”选项并单击“Windows”选项，如图 1-1 所示。

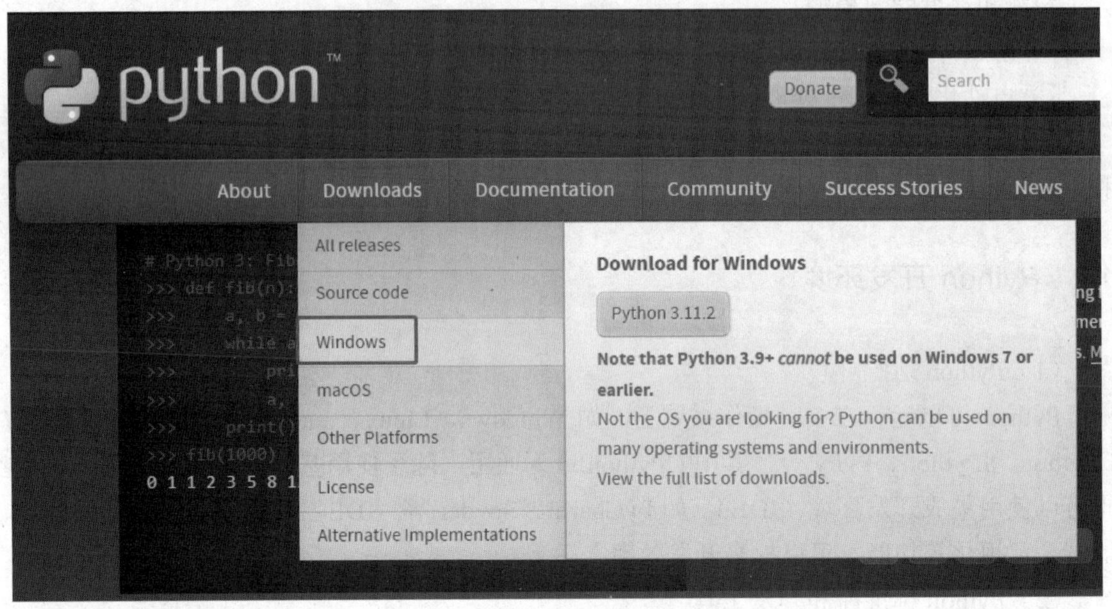

图 1-1　Python 官方网站主页

（3）在打开的页面中找到“Python 3.11.2”，然后找到与操作系统匹配的安装文件（这里选择 64 位）的下载超链接，单击它下载该文件，如图 1-2 所示。

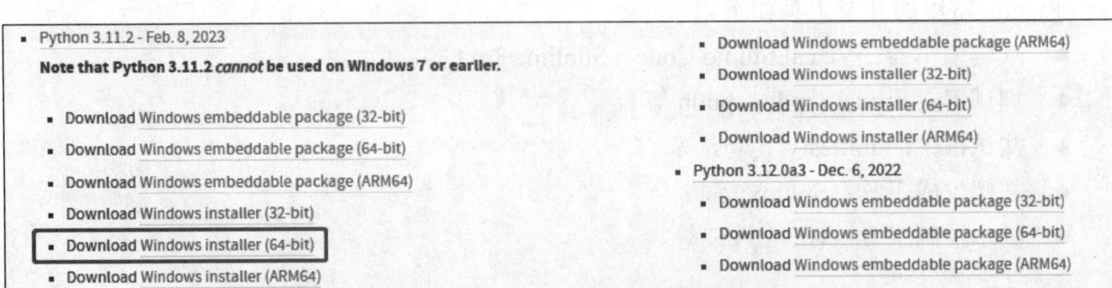

图 1-2　Python 安装文件下载超链接

（4）安装 Python。双击下载好的 python-3.11.2-amd64.exe 文件，在打开的对话框中勾选“Add python.exe to PATH”复选框，勾选该选项的目的是将 Python 直接添加到环境变量中以便使用。然后单击“Customize installation”选项，如图 1-3 所示。

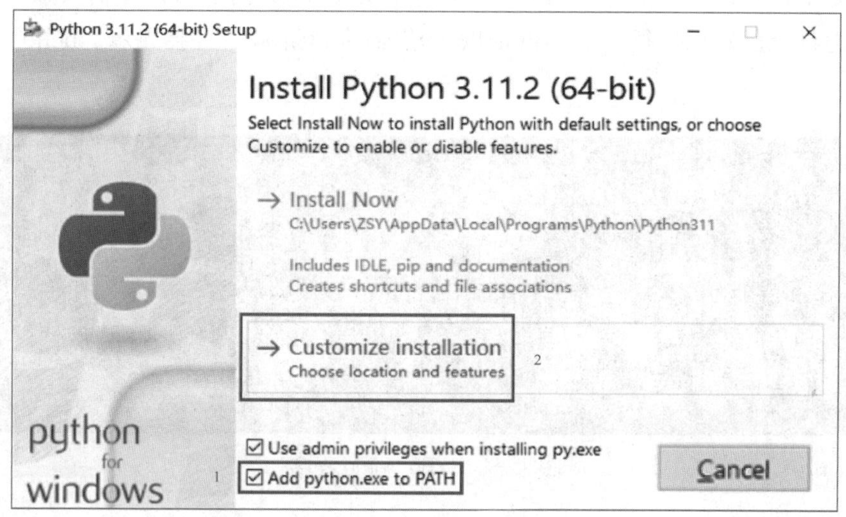

图 1-3　Python 安装对话框

（5）选择软件安装位置。这里默认安装在 C 盘，单击“Browse”按钮可更改软件的安装目录，注意安装路径文件夹名称不能含有中文字符。然后单击“Install”按钮，根据提示即可完成安装。

1.3.2　测试 Python 是否安装成功

打开 Windows 的命令提示符窗口，输入“python --version”并按“Enter”键，下一行若显示已安装的 Python 版本号，意味着 Python 已安装成功，如图 1-4 所示。

图 1-4　测试 Python 是否安装成功

1.4　编写 Python 源代码

1-2　编写 Python 源代码

通常情况下，我们用文本编辑工具（推荐使用 Visual Studio Code 等高级文本编辑工具）编写 Python 源代码，并用.py 作为扩展名来保存文件。

例如，在“C:\Development\Python 商业数据分析实战”目录中保存源代码文件 hello.py，该文件中的内容如下。

```
print('hello, world!')
```

在命令提示符窗口中，执行“cd C:\Development\Python 商业数据分析实战”命令切换到源代码所在的目录，然后执行“python hello.py”命令，屏幕上将会显示“hello, world!”，如图 1-5 所示。

```
命令提示符
Microsoft Windows [版本 10.0.22000.1817]
(c) Microsoft Corporation。保留所有权利。

C:\Users\高广尚>cd C:\Development\Python商业数据分析实战

C:\Development\Python商业数据分析实战>python hello.py
hello, world!

C:\Development\Python商业数据分析实战>
```

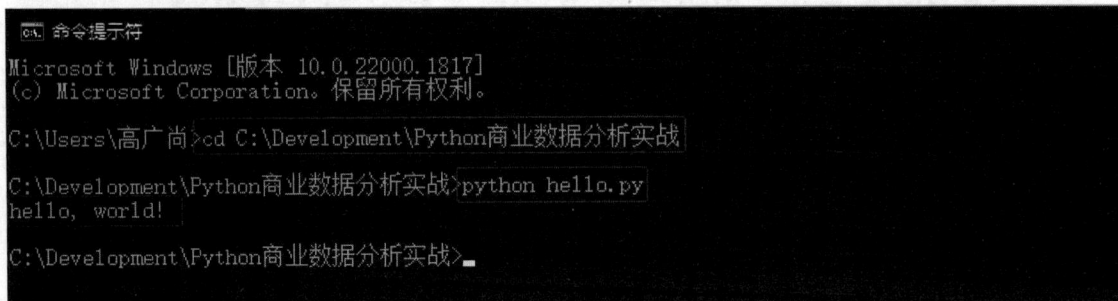

图 1-5　Hello World 程序

本章习题

一、选择题

1．（单选）在以下哪个领域中，Python 的应用较少？（　　）

A．Web 开发　　B．数据分析和科学计算

C．人工智能和深度学习　　D．游戏开发

2．（单选）Python 的哪个特点使得它易于学习和上手？（　　）

A．高执行效率　　B．开放源代码　　C．编码加密功能　　D．复杂的语法规则

3．（单选）下列哪项不是 Python 的关键特点？（　　）

A．语法简单　　B．动态类型　　C．执行速度快　　D．生态系统成熟

4．（单选）“pip install”命令在 Python 中用于做什么？（　　）

A．安装第三方库　　B．运行 Python 脚本

C．显示 Python 版本　　D．打开 IPython shell

5．（单选）Python 源代码文件的扩展名是什么？（　　）

A．.py　　B．.pyc　　C．.cpp　　D．.exe

二、判断题

1．Python 是一种解释型脚本语言，可以在 Windows、macOS 和 Linux 等操作系统中运行。（　　）

2．Python 解释器通常被称为 CPython，是用 Java 实现的。（　　）

3．Python 拥有较弱的生态系统和有限的库。（　　）

4．Python 是一种解释型脚本语言，代码需要编译成机器码后才能运行。（ ）

5．Python 是一种动态类型语言，变量可以重新绑定不同类型的值。（ ）

实 训

Python 编程的基础知识，包括 Python 简介、开发环境、安装和编写简单程序等。

一、实训目的

通过该实训，读者将掌握在 Windows 系统下下载并安装 Python 解释器、编写和运行 Python 程序的基本步骤。从而能快速入门 Python 编程，并掌握 Python 的基础知识和开发环境配置。

二、实训步骤

步骤 1：准备工作

① 下载并安装 Python 3.11.2 解释器，推荐 64 位版本。

② 下载并安装 Visual Studio Code 等文本编辑工具。

步骤 2：编写 Python 程序

使用 Visual Studio Code 等文本编辑工具创建一个名为“hello.py”的文件，并在其中输入一些代码。

步骤 3：运行 Python 程序

打开 Windows 的命令提示符窗口，并切换到“hello.py”文件所在的目录。输入以下命令运行程序 python hello.py。

第2章 Python开发工具

我们可以借助多种工具提高 Python 开发效率，其中 Visual Studio Code（简称 VS Code）是一款开源、跨平台的轻量级源代码编辑器，支持 Python。通过安装 Python 插件，可以把 VS Code 打造成一个强大的 Python IDE。本章将介绍 VS Code 的下载与安装、中英文环境配置、项目文件管理、Python 解释器切换等基本步骤，同时演示 Jupyter Notebook 的使用方法，为后续编程打下坚实基础。

【学习目标】

- 掌握 VS Code 的下载、安装方法，了解它的主要功能和界面，为后续的代码编写打下基础。
- 掌握在 VS Code 中配置 Python 编程环境的方法，包括安装 Python 插件、配置中文界面、管理项目文件、切换 Python 解释器和运行 Python 代码，并了解 Jupyter Notebook 的使用方法。

2.1 安装 VS Code 编辑器

2-1 安装 VS Code 编辑器

读者可以通过访问 VS Code 官方网站，轻松下载并安装 VS Code，为编写代码提供便捷而高效的开发环境。

2.1.1 什么是 VS Code

VS Code 由 Microsoft 开发，支持多种编程语言，具有许多强大的功能，易于使用，拥有丰富的插件生态系统，可以帮助开发者更加高效地编写和管理代码。VS Code 具有以下主要特点。

- 免费开源：VS Code 是免费的，并且是开源的，任何人都可以下载和使用它。
- 多语言支持：VS Code 支持多种编程语言，如 JavaScript、TypeScript、Python 和 C++等。
- 强大的编辑功能：VS Code 具有强大的编辑功能，包括自动完成、代码片段、语法高亮、代码折叠和多光标编辑等。

- 内置调试器：VS Code 具有内置的调试器，可以帮助开发者更加方便地调试代码。
- Git 集成：VS Code 与 Git 集成，可以帮助开发者更加方便地管理项目代码。
- 插件扩展：VS Code 支持插件扩展，开发者可以通过安装插件来扩展其功能，如自动格式化、代码检查等。
- 跨平台支持：VS Code 可以在 Windows、macOS 和 Linux 等多个操作系统上运行，可以帮助开发者更加方便地在不同的操作系统上编写代码。

2.1.2 下载 VS Code

我们可在官方网站（https://code.visualstudio.com/download）下载 VS Code，选择 VS Code 版本（读者可根据自己的操作系统选择相应的版本），如图 2-1 所示。

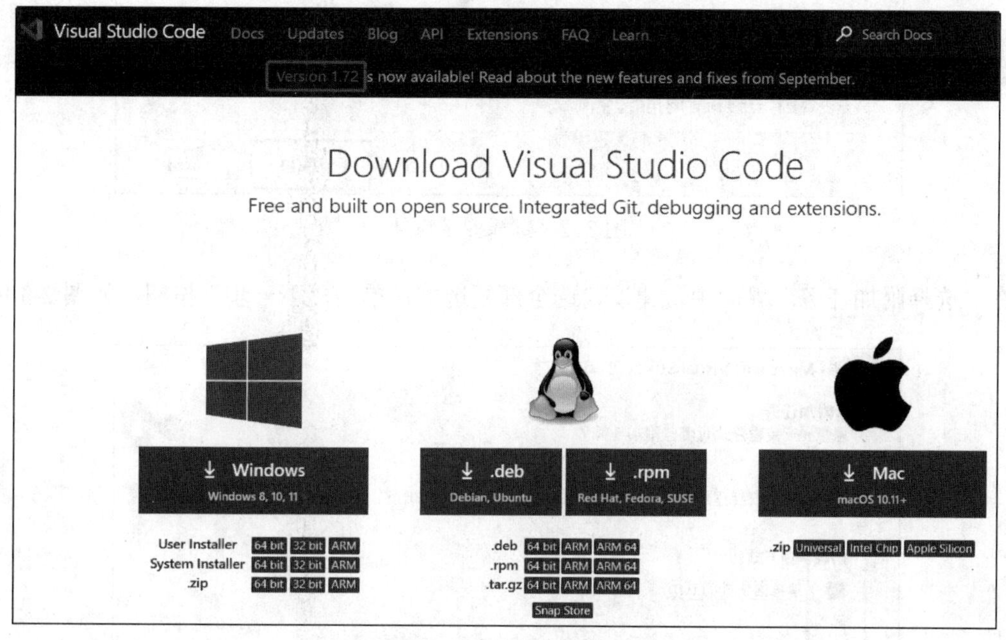

图 2-1 VS Code 官方网站

VS Code 版本说明如下。

- User Installer 版：安装在当前计算机用户目录，如果使用另一个用户登录计算机将无法使用别人安装的 VS Code。
- System Installer 版：安装在非用户目录，如 C 盘根目录，任何用户都可以使用。（建议使用此版本。）

2.1.3 安装 VS Code

双击下载好的安装包程序（如 VSCodeSetup-x64-1.72.2.exe），在弹出的窗口中选择“我同意此协议”，然后单击“下一步”按钮。在跳转的窗口中可以选择安装目录，若无须修改，则可直接单击“下一步”按钮，如图 2-2 所示。

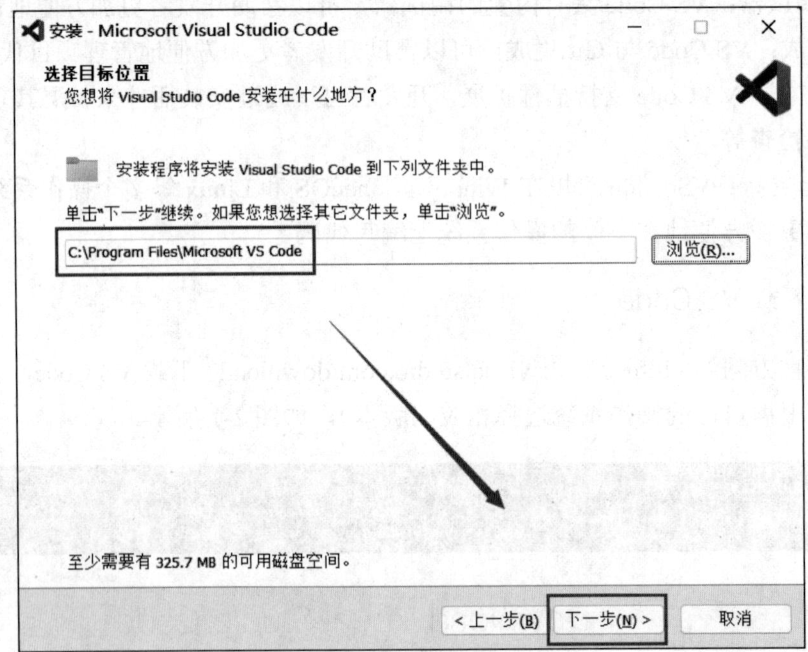

图 2-2　选择安装目录

在“选择附加任务”界面中，建议勾选全部复选框，单击“下一步”按钮，如图 2-3 所示。

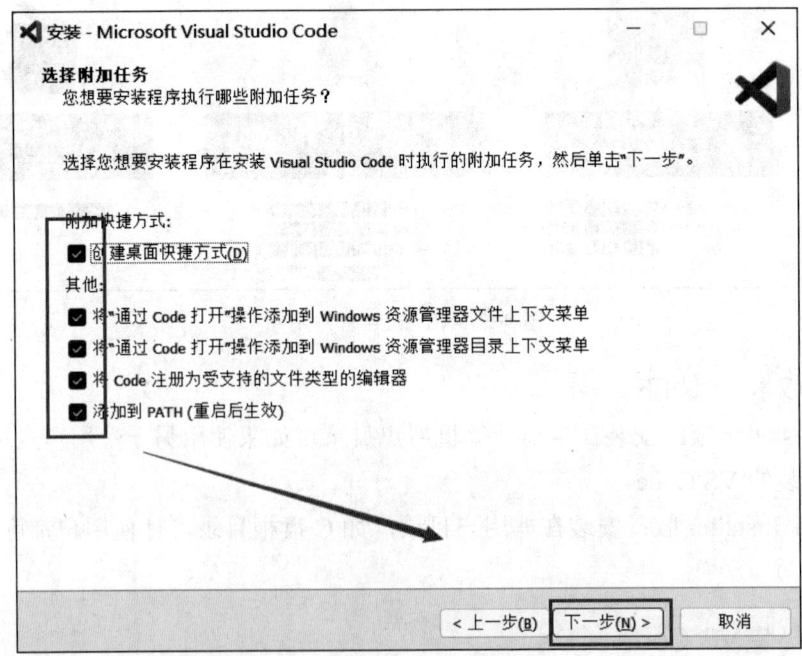

图 2-3　选择附加任务

安装完成后，打开 VS Code，其运行界面如图 2-4 所示。

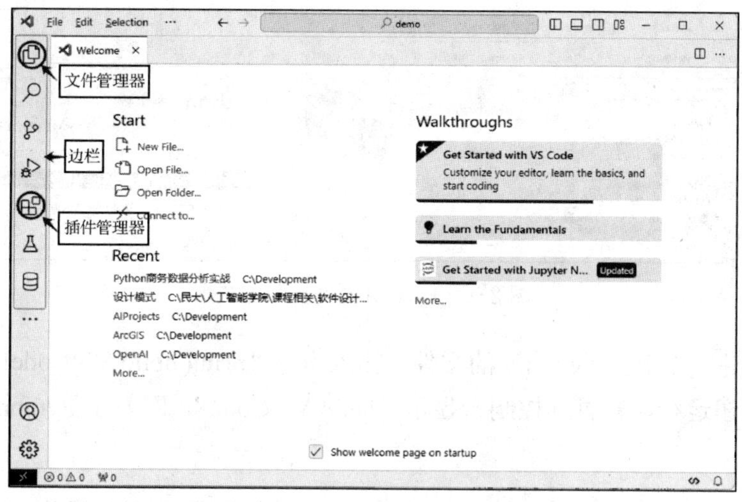

图 2-4　VS Code 运行界面

在图 2-4 左边栏中，从上到下依次为“文件管理器”按钮、“搜索”按钮、“源代码管理”按钮、“运行和调试”按钮以及“插件管理器”按钮。开发 Python 程序会用到“文件管理器”按钮与“插件管理器”按钮。

2.2　配置 VS Code 环境

通过安装 Python 插件，我们可以将 VS Code 打造成优秀的 Python 开发工具；通过简单地配置中文环境，还可以让开发过程更加顺畅。借助 VS Code 的强大功能，我们不仅可以高效地进行 Python 开发，还可以无缝切换至集成的 Jupyter Notebook，从而提升数据分析与实验的便利性。

2.2.1　安装 Python 插件

为了能在 VS Code 中开发 Python 程序，我们需要安装 Python 插件，首先确保已经安装好 Python 环境（即 Python 解释器）。可通过 3 个步骤来安装 Python 插件，如图 2-5 所示。

图 2-5　安装 Python 插件

稍后，Python 插件安装完成的界面如图 2-6 所示。

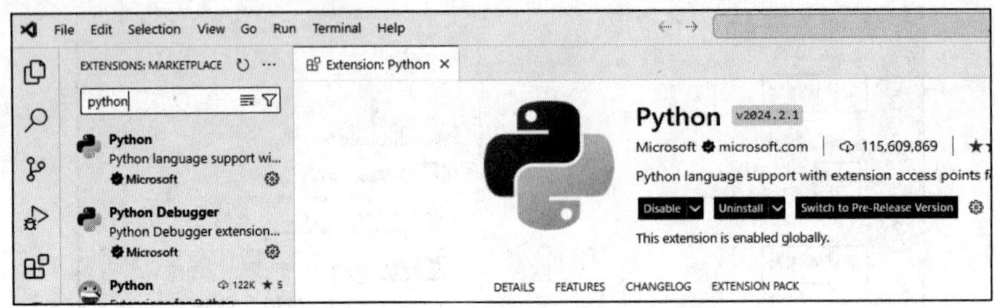

图 2-6　Python 插件安装完成

接下来，新建一个名为 hello.py 的文件，输入命令“print('hello VS Code!')”。然后单击右上角的三角形按钮运行，若看到控制台显示“hello VS Code”，即表示 Python 插件安装成功，如图 2-7 所示。

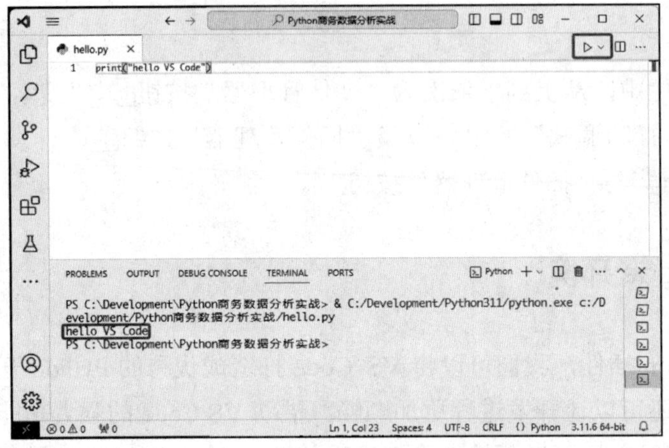

图 2-7　测试 Python 插件是否安装成功

2.2.2　配置中文环境

类似地，在搜索框中输入“chinese”，安装中文插件，如图 2-8 所示，以保证 VS Code 支持中文显示。中文插件安装完成后重启 VS Code，VS Code 的菜单即可全部转换为中文，如图 2-9 所示。至此，VS Code 设置完毕，接下来就可以利用 VS Code 正式开发 Python 程序了。

图 2-8　配置中文环境

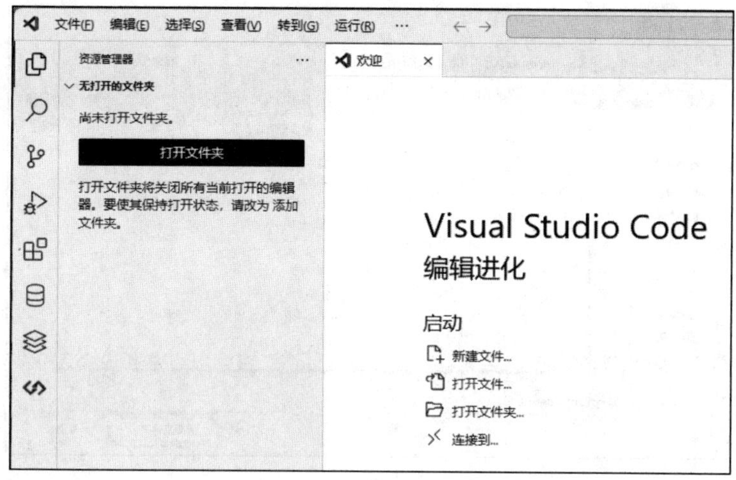

图 2-9 中文界面下的 VS Code

2.2.3 利用 VS Code 开发 Python 程序

在使用 VS Code 开发 Python 程序前，我们需要搞清楚以下 3 个问题。

（1）VS Code 如何管理项目文件

VS Code 通过文件夹来管理项目文件。首先在路径“C:\Development”中新建一个名为“demo”的文件夹，然后通过 VS Code“文件”菜单中的“打开文件夹”命令打开这个文件夹，如图 2-10 所示。

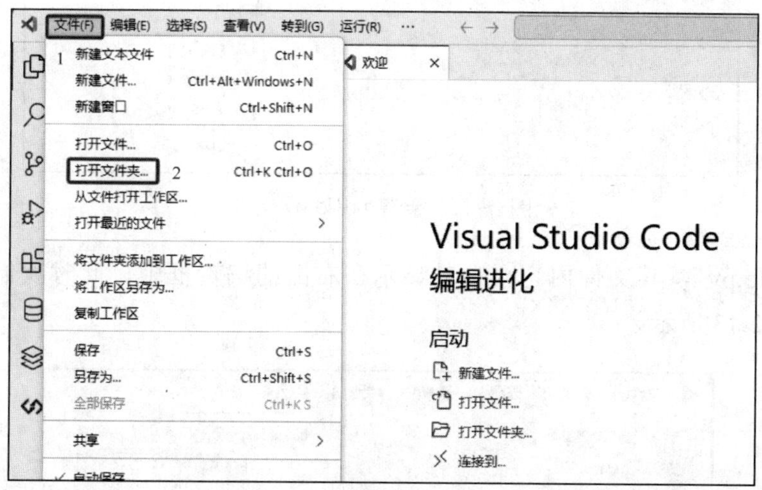

图 2-10 通过菜单命令打开文件夹

在弹出的对话框中，找到“demo”文件夹，此时单击“选择文件夹”按钮，如图 2-11 所示。

在 VS Code 的资源管理器中可以看到“DEMO”目录，然后单击资源管理器的“新建文件”按钮，在文本框中输入“hello.py”，新建一个 hello.py 文件，如图 2-12 所示。

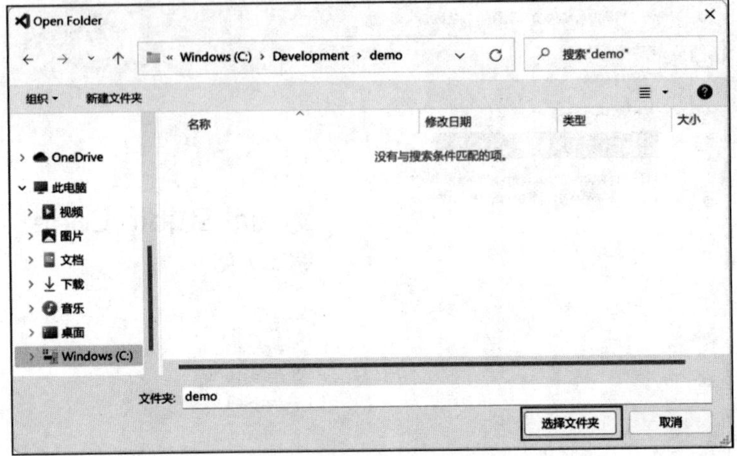

图 2-11　选择“demo”文件夹

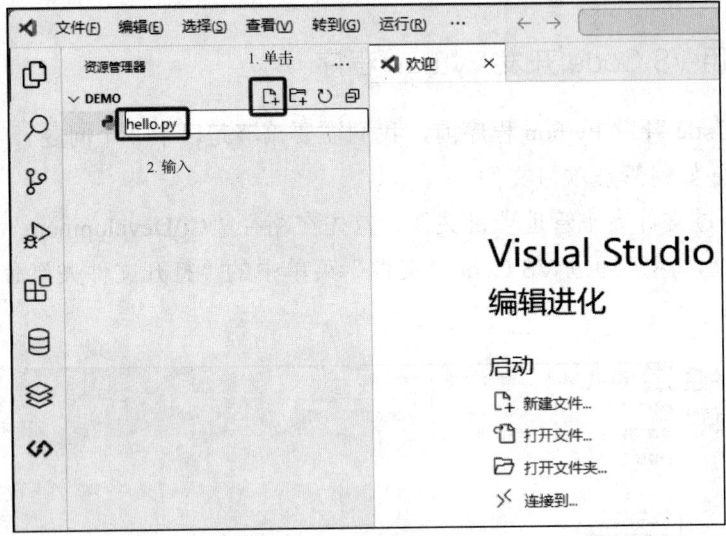

图 2-12　新建 hello.py 文件

单击“hello.py”，其文件内容会自动显示在右侧的编辑框中，此时我们可以在其中编辑代码，如图 2-13 所示。

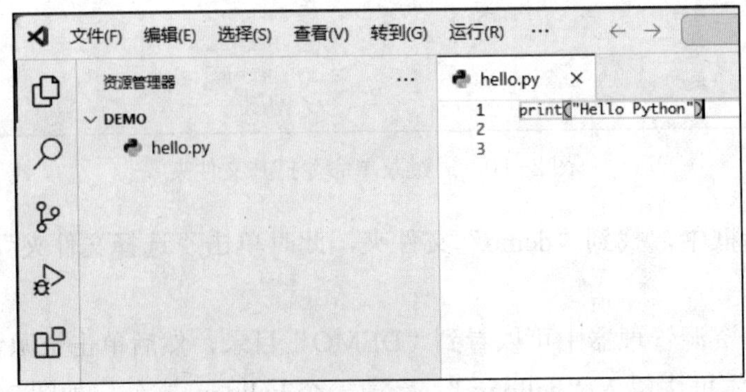

图 2-13　编辑代码

代码编辑完成后按“Ctrl+S”组合键可保存代码。

（2）VS Code 如何切换 Python 解释器

要在 VS Code 中切换 Python 解释器，只需要按照图 2-14 所示的步骤操作即可。

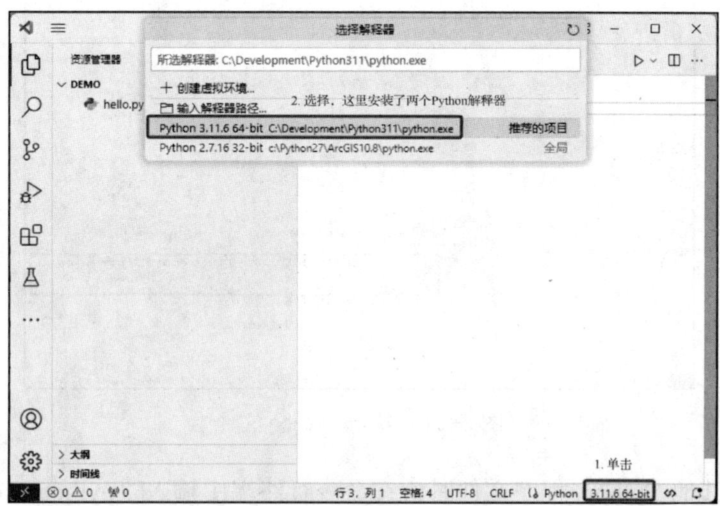

图 2-14　切换 Python 解释器

（3）VS Code 如何运行 Python 程序文件

VS Code 是编辑器，而不是 Python 集成开发环境，因此运行 Python 程序文件时需要调用操作系统中已安装的 Python 解释器。运行 Python 程序文件最简单的方法是单击右上角的 ▷ 按钮，或者在 VS Code 中打开命令行终端，操作步骤如图 2-15 所示。

图 2-15　打开命令行终端

在命令行终端中执行如下命令。

```
& C:/Development/Python311/python.exe c:/Development/demo/hello.py
```

此时输出“Hello Python”，即表示 Python 程序文件运行成功，如图 2-16 所示。

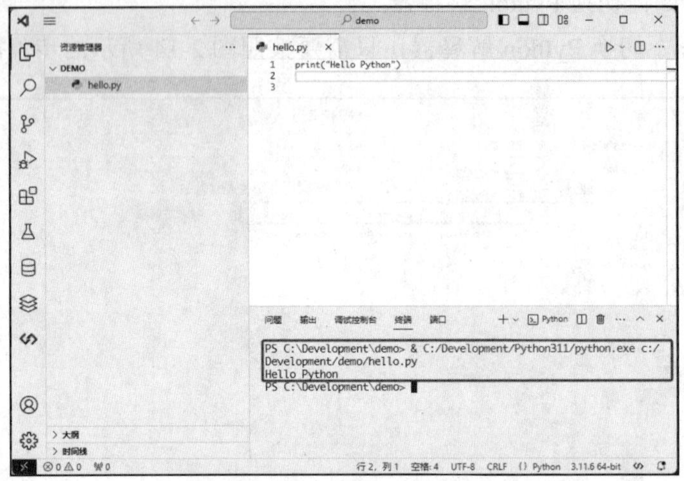

图 2-16　执行 Python 文件

当需要运行其他 Python 程序文件时，在命令行终端中输入“python.exe”命令和该文件名并按“Enter”键即可。

```
& C:/Development/Python311/python.exe c:/Development/demo/xxx.py
```

在命令行终端中，按“Ctrl+C”组合键可以取消或终止程序运行。

2-2　使用 Jupyter Notebook

2.2.4　使用 Jupyter Notebook

（1）安装 Jupyter Notebook

在 VS Code 的插件管理器（单击左边栏的“插件管理器”按钮或者按“Ctrl+Shirt+X”组合键打开）中搜索“jupyter”并下载 Microsoft 的 Jupyter 插件 Jupyter Notebook，如图 2-17 所示。

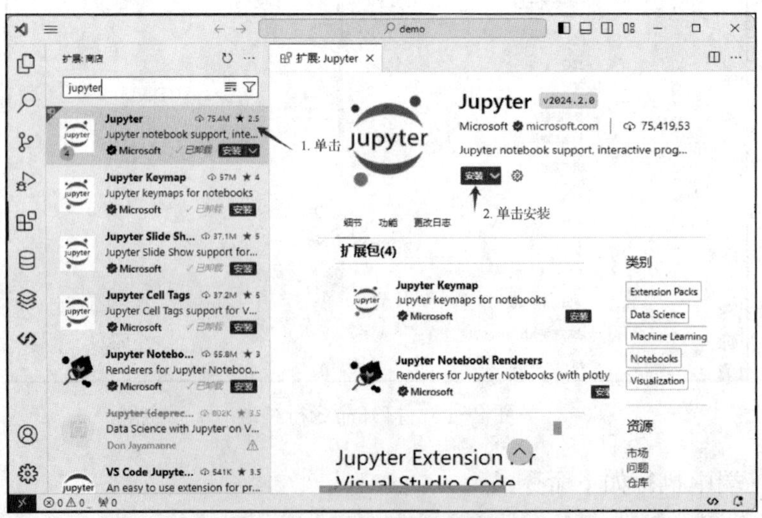

图 2-17　安装 Jupyter Notebook

创建一个文件扩展名为.ipynb 的文件并双击打开，如图 2-18 所示。其中，右上角显示运行的 Python 解释器版本，单击该按钮可以切换 Python 解释器版本。第一次运行代码时可能没有显示 Python 解释器版本，之后运行代码会弹出选择解释器版本的界面。

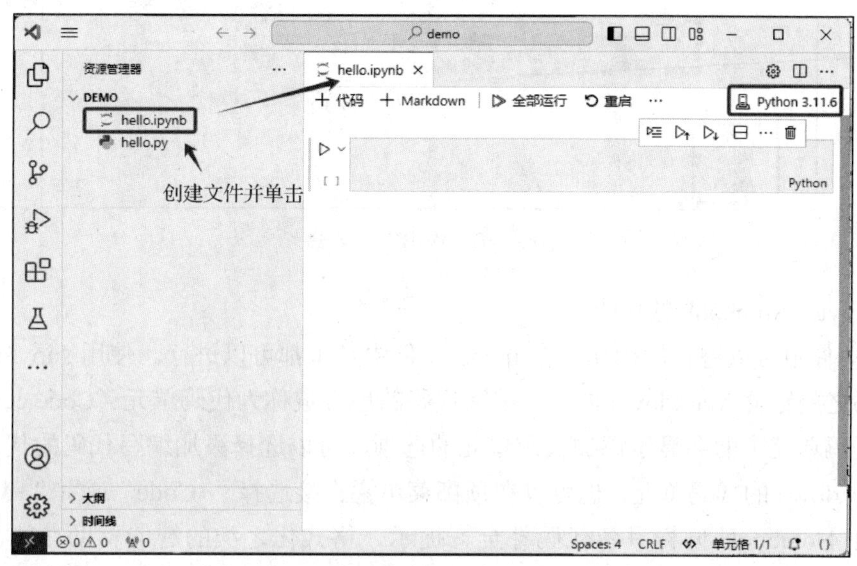

图 2-18　Jupyter Notebook 中的代码单元（Code cell）

如果要运行 Python 代码，请单击左侧的“执行单元格”按钮▷。如果缺少所需的 Python 库，将会出现安装 Python 库和安装 ipykernel 的提示界面，单击相应按钮即可进行安装。如果 Jupyter Notebook 安装未成功，重新安装 Python 并将其添加到环境变量中即可。安装完成并成功运行的效果如图 2-19 所示。

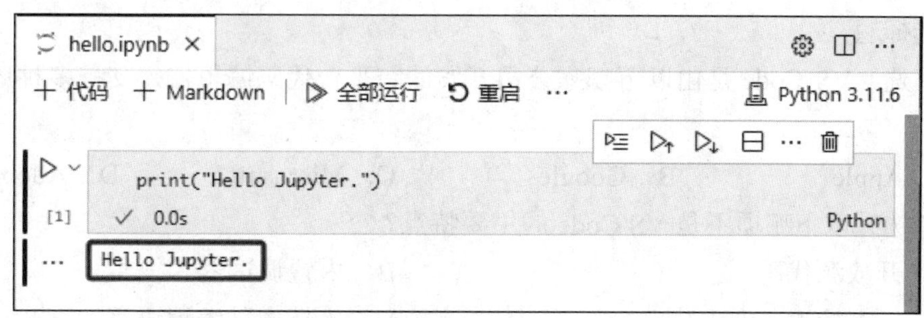

图 2-19　在代码单元中输入代码并运行

（2）输出多个变量

为了输出.ipynb 文件中多个变量，需要在.ipynb 文件的开始处输入以下代码。

```
# Jupyter Notebook 输出多个变量
from IPython.core.interactiveshell import InteractiveShell
InteractiveShell.ast_node_interactivity='all'
```

例如，在.ipynb 文件中直接输入两个变量 a、b，不需要用 print()函数即可输出，如图 2-20 所示。为方便查看代码并分析运行结果，本书的范例都使用.ipynb 文件。

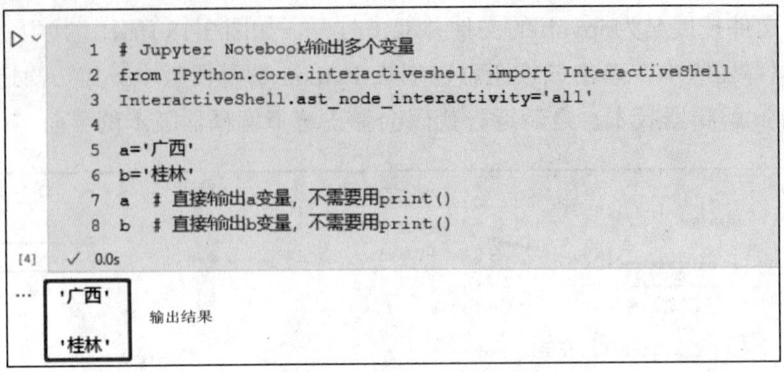

```
# Jupyter Notebook输出多个变量
from IPython.core.interactiveshell import InteractiveShell
InteractiveShell.ast_node_interactivity='all'

a='广西'
b='桂林'
a   # 直接输出a变量，不需要用print()
b   # 直接输出b变量，不需要用print()
```

[4] ✓ 0.0s

```
'广西'
'桂林'
```

输出结果

图 2-20　输出多个变量

（3）Jupyter Notebook 的优点

在.py 文件中可以进行的操作，在.ipynb 文件中基本都可以进行。使用 Jupyter Notebook 可以在代码之间穿插 Markdown 内容，编写代码的地方被称为代码单元（Code cell），将鼠标指针移到代码单元下面会显示添加代码单元的选项，可以选择添加编写代码的代码单元或者是编写 Markdown 的代码单元，也可以在顶部菜单栏直接选择“+Code”或者“+Markdown”。

Jupyter Notebook 同样具备代码补全、提示、格式化之类的智能辅助功能，另外兼备 Python REPL 的功能（直接在控制台执行命令“python”会打开交互界面）。所有运行结果都会被暂存，如果只需要改动某一行代码，则重新运行该行代码即可，不用像.py 文件那样每次都要运行全部代码。

本章习题

一、选择题

1．（单选）VS Code 是由以下哪家公司开发的跨平台代码编辑器，支持多种语言，包括 Python？（　　）

A．Apple　　B．Google　　C．Microsoft　　D．Adobe

2．（单选）以下哪项不是 VS Code 的主要特点？（　　）

A．开放源代码　　B．内置调试器

C．仅支持 JavaScript　　D．支持多种编程语言

3．（单选）通过安装 Python 插件，可以在 VS Code 中进行以下哪项操作？（　　）

A．阅读 PDF 文件　　B．编写和运行 Python 代码

C．3D 建模　　D．视频编辑

4．（多选）以下哪些选项是 VS Code 的主要特点？（　　）

A．源代码开放

B．支持多种编程语言，包括 Python

C．具有内置的图像编辑功能

D. 提供强大的编辑功能，如语法高亮、智能代码补全等

5.（多选）以下关于 Jupyter Notebook 的描述，哪些选项是正确的？（　　）

A. Jupyter Notebook 支持多种编程语言，但不包括 Python

B. 在 Jupyter Notebook 中，代码和 Markdown 内容可以在同一个文件中交替编写

C. Jupyter Notebook 不允许添加新的代码单元或 Markdown 代码单元

D. 可以在 Jupyter Notebook 每个 cell 中运行代码并查看结果

二、简答题

简要说明解释型语言与编译型语言的区别，并举例说明 Python 为何被称为解释型语言。

实 训

打开 VS Code 编辑器，修改编辑器设置，如文字大小、制表符宽度、自动换行、显示行号等。

一、实训目的

通过该实训，读者将学会使用 VS Code 编辑器的基本设置功能，使编辑器适合他们的工作风格和需求。读者将了解如何自定义文字大小、制表符宽度，进行自动换行和显示行号等。

二、实训步骤

步骤 1：下载并安装 VS Code 编辑器。

确保已经下载并安装了 VS Code 编辑器。可以从官方网站 https://code.visualstudio.com/ 下载适用于自己操作系统的版本。

步骤 2：打开 VS Code 编辑器。

打开已安装的 VS Code 编辑器。

步骤 3：配置 VS Code 编辑器。

打开左上角的“文件”(File)菜单，选择“首选项”(Preferences)，再选择“设置”(Settings)，打开设置面板。在该面板中，可以配置编辑器。

```
{
    // 设置文字大小
    "editor.fontSize": 14,
    // 设置制表符宽度为 4 个字符
    "editor.tabSize": 4,
    // 自动换行
    "editor.wordWrap": "on",
    // 显示行号
    "editor.lineNumbers": "on"
}
```

步骤 4：修改其他常用设置。

在设置面板中，还可以根据个人偏好进行自定义，如主题颜色、代码折叠、拼写检查等设置。

步骤 5：创建一个 Python 文件，并编写简单的代码。

在 VS Code 中，单击左上角的“文件”（File）菜单，选择“新建文件”（New File），然后保存为以“.py”为扩展名的文件，如“example.py”。

在新创建的 Python 文件中，编写一段简单的代码，示例如下。

```
print("Hello, VS Code!")
```

步骤 6：运行 Python 代码并查看输出结果。

右键单击 Python 文件并选择“在终端中运行 Python 文件”，即可在终端中看到代码的输出结果。

第3章 Python 编程基础

Python 作为一门简单易学的语言，其基础语法、变量、运算符、数据结构和程序流程控制都非常直观易懂。读者掌握 Python 的基础概念和结构对进一步学习 Python 的高级应用至关重要。本章全面介绍 Python 中的标识符、关键字、注释、变量与数据类型、运算符、选择和循环结构，以及函数、模块的定义方式等，旨在帮助读者牢固地掌握 Python 基础知识，为后续的数据分析和开发奠定扎实的基础。

【学习目标】

- 了解 Python 基础语法、变量的定义与使用，能编写符合 Python 语法规范的代码。
- 了解 Python 中算术运算符、关系运算符、赋值运算符、逻辑运算符、位运算符、成员运算符、身份运算符等的使用方法。
- 掌握 Python 中的列表、元组、字典和集合等数据结构的创建、访问、修改等常用操作。
- 理解 Python 中的条件判断语句 if、多分支选择结构，掌握 try…except…异常处理语句的使用方法。
- 掌握 Python 中的 for 循环、while 循环、生成式等迭代方式，以及循环控制语句。
- 掌握 Python 中函数的定义方式、参数传递、返回值、递归等概念。
- 了解 Python 中模块和包的定义方式，以及导入模块的各种方法。

3.1 Python 基础语法

Python 基础语法涵盖标识符和关键字的命名规则、缩进在代码结构中的重要作用，以及多行语句、引号、注释等元素的灵活应用，这些都是编写清晰可读的 Python 代码的要素。同时，Print 输出能够更好地展示程序运行结果，是编程学习和实践的必要工具。

3.1.1 Python 标识符

标识符是计算机编程语言中允许作为名字的有效字符串集合。其中，有一部分标识符是关键字，这样的标识符是不能另作他用的，否则会引起语法错误（SyntaxError 异常）。

合法的 Python 标识符满足如下规定。

- 第一个字符必须是字母或下画线（_）。
- 剩下的字符可以是字母、数字和下画线。
- 区分英文大小写。
- 不能是 Python 的关键字，如 def、class 就不能作为标识符。

以下画线开头的标识符是有特殊意义的。

- 以单下画线开头的标识符代表不能直接访问的类属性，需通过类提供的接口进行访问，不能用 from xxx import *导入。
- 以双下画线开头的标识符代表类的私有成员，以双下画线开头和结尾的标识符代表 Python 里特殊方法专用的标识符，如__init__()代表类的构造函数。

Python 可以在同一行显示多条语句，方法是用分号（;）分开，如下所示。

```
print("hello"); print("world");
```

输出结果如下。

```
hello
world
```

3.1.2 Python 关键字

Python 关键字是 Python 中具有特殊意义的保留字，它们不能被用作常量、变量或其他任何对象的名称。使用关键字可以访问 Python 提供的内置功能和语法结构。熟记关键字有助于编写符合 Python 语法标准的程序，避免发生语法错误。Python 中的关键字包括 False、None、True、and、as 等，共 35 个。使用 Python 的 keyword 模块输出 Python 中的关键字列表，代码如下。

```
import keyword
print(keyword.kwlist)
```

输出结果如下。

```
['False', 'None', 'True', 'and', 'as', 'assert', 'async', 'await', 'break', 'class', 'continue', 'def', 'del', 'elif', 'else', 'except', 'finally', 'for', 'from', 'global', 'if', 'import', 'in', 'is', 'lambda', 'nonlocal', 'not', 'or', 'pass', 'raise', 'return', 'try', 'while', 'with', 'yield']
```

3.1.3 缩进

任何一种编程语言都有其语法和编程规范，Python 之所以以“优雅、简单”著称，其中一个最重要的原因就是它的“缩进”。Python 用缩进层次来组织代码块，约定一个缩进用 4 个空格来表示，请读者务必遵守约定俗成的规则，坚持使用 4 个空格的缩进。

缩进的空格数量是可变的，但是在同一代码块中所有语句必须包含相同的缩进空格数量，如以下代码。

```
if True:
    print("南宁")
else:
    print("桂林")
```

以下代码执行时，将会出现错误。

```
if True:
    print("南宁")
else:
    print("桂林")
   print("广西")
```

3.1.4 多行语句

Python 语句中一般以新行作为语句的结束符，但是可以使用反斜线（\）作为多行连接符将一行语句分为多行显示，如下所示。

```
item_one = 1
item_two = 2
item_three = 3
total = item_one + \
        item_two + \
        item_three
total #输出 6
```

语句中如果包含[]、{}或()，就不需要使用多行连接符，如下所示。

```
days = ['Monday', 'Tuesday', 'Wednesday',
        'Thursday', 'Friday']
days #输出 ['Monday', 'Tuesday', 'Wednesday', 'Thursday', 'Friday']
```

3.1.5 Python 引号

Python 使用单引号（‘’）、双引号（“”）、三引号（‘ ‘ ‘’ ’ ’ 、 “ “ “” ” ”）来表示字符串需注意的是，开始与结束的引号必须是相同类型的。

三引号中的代码可以由多行组成，这是编写多行文本的快捷语法。三引号常用于表示多行字符串，在文件的特定位置被当作注释。

```
word = 'word'
sentence = "This is a sentence."
paragraph = """This is a paragraph. It is
made up of multiple lines and sentences."""
```

3.1.6 Python 注释

以“#”开头的是注释。注释不一定要出现在行首，在某些语句后面也可以加注释。注释是给人看的，可以是任意内容，解释器会忽略掉注释，但注意不要使用无意义的注释。

Python 中单行注释采用“#”开头。例如：

```
#第一条注释
print("Hello, Python!");  #第二条注释
```

注释可以在行末。

```
name = "高广尚" #这又是一条注释
```

多条注释示例如下。

```
#这是一个注释
```

```
#这也是一个注释
#这同样也是一个注释
#我已经说过了
```

3.1.7　Python 空格和空行

在 Python 中，为了让代码看起来更清晰、具有更好的可读性，有时会在代码中添加空格和空行。空格和空行与代码缩进不同，它们并不是 Python 语法的一部分。

输入代码时不插入空格或者空行，Python 解释器运行也不会出错。空格和空行的作用在于分隔两段不同功能或含义的代码，便于日后进行代码的维护或重构。

注意：添加空格和空行是为了增加代码的可读性。

例如，在为变量赋值时，在等号两边插入空格。

```
hello = "world"
```

例如，类成员函数之间空一行，模块级函数定义和类定义之间空两行。

```
class A:

    def __init__(self):
        pass

    def hello(self):
        pass


def main():
    pass
```

3.1.8　Print 输出

print()默认是换行输出的，如果要实现不换行输出，需要使用 end 参数。

```
x = "a"
y = "b"
print(x, end=' ') #输出 a
print(y, end=' ') #输出 b
```

3.2　Python 变量与数据类型

Python 变量与数据类型是构建程序逻辑和处理信息的基础，通过理解变量的使用方法以及不同数据类型的特性，读者将能够更准确地存储和操作各种数据，从而开发出功能更加强大的应用程序。掌握变量的定义和数据类型的转换等方法，是学习编程重要的一步，可为解决实际问题提供必要的工具。

3.2.1　变量

变量来源于数学，是计算机语言中能储存计算结果或能表示值的抽象概念，可以通过变量名访问。

变量命名规则如下。

- 变量名只能是大小写英文字母、数字和下画线（_）的任意组合。
- 变量名第一个字符不能是数字。
- 变量名区分英文字母的大小写，同一英文字母的大小写被认为是两个不同的字符。
- Python 关键字不能作为变量名。

（1）声明变量

Python 中的变量不需要声明，但每个变量在使用前都必须赋值，变量被赋值以后才会被创建。在 Python 中，变量就是变量，它没有类型，我们所说的“类型”是变量所指的内存中对象的类型。

```
name = "高广尚"
```

上述代码声明了一个变量，变量名为 name，变量 name 的值为“高广尚”。

（2）变量赋值

在 Python 中用等号（=）赋值，可以把任意数据类型的值赋给变量。对同一个变量可以反复赋值，而且可以是不同数据类型的值。

```
a = 123        #a 是整数
a = 'abc'      #a 是字符串
```

Python 这种变量类型不固定的语言称为动态语言，与之对应的就是静态语言。静态语言在定义变量时必须指定变量类型，如果赋值的时候类型不匹配就会报错。例如，Java 是静态语言，这样赋值就会报错。

（3）为多个变量赋值

Python 允许同时为多个变量赋值。

```
a = b = c = 1
```

上述代码从后向前赋值，3 个变量 a、b、c 被赋相同的值 1。

也可以为每个变量赋不同的值。

```
a, b, c = 1, 2, "广西"
```

上述代码中，将两个整型对象 1 和 2 分别被赋值给变量 a 和 b，字符串对象“广西”被赋值给变量 c。

（4）常量

所谓常量就是不能变的变量，比如常用的数学常数 π 就是一个常量。在 Python 中，通常用全部大写的变量名表示常量。

```
BI = 3.14
```

但事实上，BI 仍然是个变量，Python 根本无法保证 BI 不会被改变。所以，用全部大写的变量名表示常量只是一个习惯用法，如果一定要改变常量的值，Python 也不会报错。

3.2.2 数据类型

Python 中有 6 种标准的数据类型：数字（Number）、字符串（String）、列表（List）、元组（Tuple）、集合（Set）和字典（Dictionary）。

Python 的这 6 种标准数据类型分类如下。

- 不可变数据类型（3 个）：数字、字符串、元组。
- 可变数据类型（3 个）：列表、字典、集合。

下面先介绍数字、字符串这两种数据类型的使用方法，其余 4 种数据类型将在 3.4 节中进行详细介绍。

（1）数字

数字类型是用来存储数值的。Python 支持 3 种不同的数字类型，如下所示。

- 整型（int）：整型也被称为整数，包括正整数、零和负整数，不带小数点。Python 3.x 中整型是没有限制大小的，可以当作 long 类型使用，所以 Python 3.x 没有 Python 2.x 的 long 类型。
- 浮点型（float）：由整数部分与小数部分组成，也可以使用科学记数法表示，如 2.5e2 $= 2.5\times10^2 = 250$。
- 复数（complex）：由实数部分和虚数部分构成，可以用 a+bj 或者 complex(a,b)表示，复数的实部 a 和虚部 b 都是浮点型。

示例：数字类型

Python 支持多种数字类型，包括整型、浮点型和复数，不同类型之间可以相互转换。

```
counter = 100           # 整型变量
miles = 1000.0          # 浮点型变量
complex_num = 2 + 3j    # 复数变量，实部为 2，虚部为 3

print (counter)         # 输出 100
print (miles)           # 输出 1000.0
print (complex_num)     # 输出 (2+3j)
```

数字类型转换方法如下。

- int(x)：表示将 x 转换为一个整数。
- float(x)：表示将 x 转换为一个浮点数。
- complex(x)：表示将 x 转换为一个复数，实数部分为 x，虚数部分为 0，x 可以是数字表达式。
- complex(x,y)：表示将 x 和 y 转换为一个复数，实数部分为 x，虚数部分为 y。x 和 y 可以是数字表达式。

示例：数值运算

Python 支持数字的四则运算和位运算。理解和掌握运算符的用法，可以进行各种数值运算。

```
print (5 + 4)      #加法  输出 9
print (4.3 - 2)    #减法  输出 2.3
print (3 * 7)      #乘法  输出 21
print (2 / 4)      #除法  得到一个浮点数  输出 0.5
print (2 // 4)     #整除  得到一个整数  输出 0
```

```
print (17 % 3)     #取模　输出 2
print (2 ** 5)     #乘方　输出 32
```

（2）字符串

创建字符串可以使用单引号、双引号、三单引号或三双引号。Python 不支持单字符类型，单字符在 Python 中作为字符串使用。

```
s="python"
```

上述语句在计算机中的执行顺序是，先在内存中创建一个字符串“python”，然后在程序栈寄存器中创建一个变量 s，最后把“python”的地址赋给 s。

示例：字符串常见操作

字符串支持切片、查找、替换、大小写转换等多种操作。熟练掌握这些操作可以灵活获取和处理字符串。

```
s = '优雅的 Python'
# 切片
s[0], s[-1], s[3:], s[::-1] #'优', 'n', 'Python', 'nohtyP 的雅优'

#替换，还可以使用正则表达式替换
s.replace('Python', 'Java') #'优雅的 Java'

#查找，find()、index()、rfind()、rindex()
s.find('P')             #3，返回第一次出现的子串的索引
s.find('h', 2)          #6，从索引 2 开始查找
s.find('23333')         #-1，查找不到返回-1
s.index('y')            #4，返回第一次出现的子串的索引
s.index('P')            #不同于 find()，查找不到会抛出异常

#转换和判断英文大小写，upper()、lower()、swapcase()、capitalize()、istitle()、isupper()、
islower()
s.upper()               #'优雅的 PYTHON'
s.swapcase()            #'优雅的 pYTHON'，英文大小写互换
s.istitle()             #True
s.islower()             #False

#去空格，strip()、lstrip()、rstrip()

#格式化
s1 = '%s %s' % ('Windrivder', 21)       #'Windrivder 21'
s2 = '{}, {}'.format(21, 'Windridver') #推荐使用 format()格式化字符串
s3 = '{0}, {1}, {0}'.format('Windrivder', 21)
s4 = '{name}: {age}'.format(age=21, name='Windrivder')

#连接与分割，使用 + 连接字符串，每次操作会重新计算、开辟、释放内存，效率很低，所以推荐使用 join()
l = ['2017', '03', '29', '22:00']
s5 = '-'.join(l)                 #'2017-03-29-22:00'
s6 = s5.split('-')               #['2017', '03', '29', '22:00']
```

另外，需要注意字符串编码。所有的 Python 字符串都是 Unicode 字符串，当需要将文件保存到外设或进行网络传输时，就要进行编码转换，将字符串转换为字节，以提高效率。

示例：字符串编码转换

字符串可以转换为字节，字节可以解码为字符串。这在文件和网络操作中需要注意。

```
#encode()将字符串转换为字节
str = '学习 Python'
print (str.encode())              #默认编码是 UTF-8,输出 b'\xe5\xad\xa6\xe4\xb9\xa0Python'
print (str.encode('gbk'))         #输出 b'\xd1\xa7\xcf\xb0Python'

#decode() 将字节转换为字符串
print (str.encode().decode('utf8'))          #输出'学习 Python'
print (str.encode('gbk').decode('gbk'))      #输出'学习 Python'
```

3.3 Python 运算符

Python 支持的运算符有算术运算符、一元运算符、关系（比较）运算符、赋值运算符、逻辑运算符、成员运算符、身份运算符，以及位运算符。

3.3.1 算术运算符

算术运算符如表 3-1 所示。

表 3-1 算术运算符

运算符	含义说明
+	加（两个数相加）
-	减（一个数减去另一个数）
*	乘（两个数相乘或返回重复相应次数的字符串）
/	除（两个数相除）
//	整除（向下取整）
**	乘方（x**y 返回 x 的 y 次幂）
%	取模（返回除法的余数）

算术运算符用于实现基础的数学运算，包括加、减、乘、除、乘方、取模等。读者学会熟练使用各算术运算符可以便捷地进行数值计算。

```
a = 3
b = 5
a+b      #输出 8
a-b      #输出 -2
a*b      #输出 15
b/a      #输出 1.6666666666666667
b//a     #输出 1
b**a     #输出 125
b%a      #输出 2
```

3.3.2 一元运算符

一元运算符如表 3-2 所示。

表 3-2 一元运算符

运算符	含义说明
+	一元取正算术运算符
-	一元取负算术运算符
~	对整数按位取反

一元运算符用于进行正负号设置和按位取反等运算，理解其特点可以对数值符号进行控制。

```
x = 3
+x        #输出 3
-x        #输出 -3
~x        #输出 -4，相当于-(x+1)
```

3.3.3 关系（比较）运算符

关系（比较）运算符如表 3-3 所示。

表 3-3 关系（比较）运算符

运算符	含义说明
==	等于（比较两个对象值是否相等）
!=	不等于（比较两个对象值是否不等）
>	大于
<	小于
>=	大于等于
<=	小于等于

关系运算符用于比较两个值的大小，结果为布尔值。应用关系（比较）运算符可以进行数值比较和条件判断。

```
x = 3
y = 3
x==y      #输出 True
a = 4
b = 5
a != b    #输出 True
b > a     #输出 True
a < b     #输出 True
x >= y    #输出 True
a <= b    #输出 True
```

3.3.4 赋值运算符

赋值运算符如表 3-4 所示。

表 3-4 赋值运算符

运算符	含义说明	示例
=	赋值运算	x = 5 将 5 赋值给 x
+=	加法赋值运算	x += 5 等同于 x = x + 5
-=	减法赋值运算	x -= 5 等同于 x = x - 5
*=	乘法赋值运算	x *= 5 等同于 x = x * 5
/=	除法赋值运算	x /= 5 等同于 x = x / 5
**=	乘方赋值运算	x ** =5 等同于 x = x**5
//=	取整赋值运算	x //= 5 等同于 x = x // 5
%=	取模赋值运算符	x %= 5 等同于 x = x % 5

赋值运算符用于给变量赋值，组合赋值运算符可以使表达式更简洁。熟练使用赋值运算符可以提高代码效率。例如：

```
x = 5
x += 5
x          #输出 10
x -= 5
x          #输出 5
x *= 5
x          #输出 25
x /= 5
x          #输出 5.0
x **= 5
x          #输出 3125.0
x //= 5
x          #输出 625.0
x %= 5
x          #输出 0.0
```

3.3.5 逻辑运算符

逻辑运算符如表 3-5 所示。

表 3-5 逻辑运算符

运算符	含义说明
and	a and b：a 和 b 同为真时结果为真（True），否则为假（False）
or	a or b：a 和 b 都为假时结果为假，否则为真
not	not a：取反，如果 a 为真，结果为假；如果 a 为假，结果为真

逻辑运算符实现逻辑与、或、非运算，常用于构建条件表达式和复杂逻辑。

```
3 > 2 and 2 > 0   #输出 True
3 > 2 and 2 > 4   #输出 False
3 > 2 or 2 > 4    #输出 True
3 > 5 or 2 > 4    #输出 False
not 3 > 5         #输出 True
not 3 > 2         #输出 False
```

3.3.6　成员运算符

成员运算符如表 3-6 所示。

表 3-6　　成员运算符

运算符	含义说明
in	如果值在指定的序列中存在，则返回 True，否则返回 False
not in	如果值在指定的序列中不存在，则返回 True，否则返回 False

成员运算符可以用于查看值是否存在或不存在于指定的字符串、列表、字典（查看 key 是否存在）、元组、集合中。

例如，成员运算符用于判断元素是否在容器中，可应用于字符串、列表、元组等。

```
letters = 'abcd'
'a' in letters          #输出 True
'e' not in letters      #输出 True
list1 = [1,2,3,4,5]
1 in list1              #输出 True
6 not in list1          #输出 True
dict1 = {'a':1,'b':2}
1 in dict1              #输出 False
'a' in dict1            #输出 True
t = (1,2,3)
1 in t                  #输出 True
set1 = {1,2,3}
1 in set1               #输出 True
4 in set1               #输出 False
```

3.3.7　身份运算符

身份运算符如表 3-7 所示。

表 3-7　　身份运算符

运算符	含义说明
is	x is y：判断 x 和 y 是否引用同一个内存地址，是则返回 True，否则返回 False
is not	x is not y：判断 x 和 y 是否引用同一个内存地址，不是则返回 True，否则返回 False

身份运算符用于比较两个对象的存储单元。关系（比较）运算符==用于比较值是否相等，而身份运算符 is 和 is not 是比较两个对象身份，判断其是否引用同一个内存地址，内存地址可以通过 id()函数查看。

```
a = [1,2,3]
b = [1,2,3]
a == b        #输出 True
a is b        #输出 False
id(a)         #输出 2551639326088
id(b)         #输出 2551639489352
```

3.3.8 位运算符

位运算符如表 3-8 所示。

表 3-8 位运算符

运算符	含义说明
&	按位与运算符，对应的两个二进制位均为 1 则结果为 1，否则为 0
|	按位或运算符，对应的两个二进制位有一个为 1，结果就为 1
^	按位异或运算符，对应的两个二进制位不同时结果为 1，相同时为 0
~	按位取反运算符，对数据的每个二进制位取反，即 0 变 1、1 变 0
<<	左移运算符，把操作数的各个二进制位全部左移若干位，低位补 0，高位舍弃
>>	右移运算符，把操作数的各个二进制位全部右移若干位，低位丢弃，高位补 0 或 1

位运算符用于对整数的二进制位进行操作。在进行位运算时，数字会被转换成二进制形式，然后按位进行操作。

位运算符在二进制位级进行运算。熟练掌握位运算的运算法则，可进行位级编程。

```
a = 5
b = 3
a & b     #输出 1
a | b     #输出 7
a ^ b     #输出 6
~a        #输出 -6
a << 2    #输出 20
b >> 2    #输出 0
```

此外，在 Python 中可以使用 bin()函数将十进制数转换为二进制数。

```
a = 5
b = 3
bin(a)    #输出 '0b101'
bin(b)    #输出 '0b11'
```

a & b 的结果为 1，具体计算过程如表 3-9 所示。

表 3-9 a&b 的计算过程

a 的二进制位	b 的二进制位	结果
0	0	0
1	0	0
0	1	0
1	1	1

3.3.9　运算符优先级

如果要将这些运算符放在一起，有没有计算的顺序呢？显然是有的，下面列出运算符的优先级，如表 3-10 所示。

表 3-10　　运算符优先级

优先级	运算符
1	乘方：**
2	一元运算符：~、+、-
3	乘（*）、除（/）、取模（%）、整除（//）
4	加、减：+、-
5	右移运算符（>>）、左移运算符（<<）
6	按位与（&）、按位异或（^）、按位或（|）
7	小于（<）、小于等于（<=）、大于（>）、大小等于（>=）
8	等于（=）、不等于（!=）
9	赋值运算符：=、%=、/=、//=、-=、+=、*=、**=
10	身份运算符：is、is not
11	成员运算符：in、not in
12	逻辑运算符：not、and、or

3.4　Python 数据结构

Python 内置的数据结构有列表（List）、元组（Tuple）、字典（Dictionary）和集合（Set）等。此外，常用的还有 Pandas 中的 Series 和 DataFrame（后文会详细分析）。

Python 数据结构可分为有序数据结构和无序数据结构。

（1）有序数据结构

列表是有序数据结构，没有固定大小，可以通过对偏移量赋值以及其他方法修改列表大小。列表的基本形式为[1,2,3,4]。

元组是有序数据结构，是不可变的，可以对之进行组合或复制运算生成新的元组。元组的基本形式为(1,3,6,10)。

字符串也是有序数据结构，字符串的基本形式为‘hello’。

（2）无序数据结构

字典是无序的键值对（key:value）的集合。键必须是互不相同的（在同一个字典之内）。字典的基本形式为{'jack': 4098, 'sape': 4139}。

集合是一种无序不重复的元素集，基本功能包括关系运算和消除重复元素。集合的基本形式为{'apple', 'orange', 'banana'}。

3.4.1 列表

3-1 列表

列表是 Python 中使用最频繁的数据类型之一。列表中的每个元素都是可变的，可以进行修改和删除。列表是有序的，每个元素的位置是确定的，可以用索引去访问每个元素。并且，列表中的元素可以是 Python 中的任何对象，比如字符串、整数、元组、列表等。

（1）创建列表

创建列表的方法有以下几种。

① 直接创建法

直接创建法是指在编程过程中，直接使用方括号[]来创建一个列表，将需要的元素按照顺序放入其中。这种创建列表的方法简单直接，适用于已经知道列表中元素的情况。

```
x = [1,3,5,8,6]
x  #输出 [1, 3, 5, 8, 6]
fruits = ['apple','banana','pears']
z = [[1,2,3],'apple',True]
z #输出 [[1, 2, 3], 'apple', True]
```

② range()函数法

range()函数法是指利用 Python 中的内置函数 range()来生成一系列整数，然后通过列表推导式或者直接将 range 对象转换为列表的方式创建列表。range()函数通常用于生成一系列连续的整数，其语法为 range(start, stop, step)，其中 start 表示起始值（默认为 0），stop 表示终止值（不包含），step 表示步长（默认为 1）。通过 range()函数生成的整数序列可以灵活地用于创建各种不同规律的列表。

```
a = list(range(5)) #只有一个参数时，表示生成从 0 到 5（不包括 5）的整数数列
a   #输出 [0, 1, 2, 3, 4]
b = list(range(1,5))
b   #输出 [1, 2, 3, 4]
c = list(range(1,7,2))
c   #输出 [1, 3, 5]
d = list(range(5,0,-1)) #起始值是 5；结束值是 0（但不包括在序列中）；步长为-1，表示从起始值递减
到结束值
d   #输出 [5, 4, 3, 2, 1]
```

③ 列表生成式

列表生成式是一种简洁而强大的语法，可用于快速创建列表。它允许在一行代码中通过对元素进行操作和筛选来生成列表。列表生成式的基本结构是在方括号内部包含一个表达式，后面跟着一个 for 子句，可以有零个或多个 for 或 if 子句。通过在表达式中对 for 子句中的变量进行操作，可以生成具有特定规律的列表。列表生成式通常比传统的循环语句更加简洁和可读，特别适用于需要对数据进行转换、过滤或组合的情况。

```
m = [0 for i in range(5)]
m         #输出 [0, 0, 0, 0, 0]
n = [i**2 for i in range(5)]
```

```
n          #输出 [0, 1, 4, 9, 16]
l_2d = [[i+j for i in range(3)] for j in range(3)]
l_2d       #输出 [[0, 1, 2], [1, 2, 3], [2, 3, 4]]
```

④ 类型转换法

类型转换法是指通过将其他数据类型转换为列表来创建列表的方法。在 Python 中，可以使用内置的 list()函数将可迭代对象（如字符串、元组、集合等）转换为列表。这种方法非常灵活，可以将各种数据结构快速转换为列表，并且不需要显式地指定列表中的元素，而是直接利用原数据结构中的元素来创建列表。

```
s = 'hello world!'
s21 = list(s)
s21        #输出 ['h', 'e', 'l', 'l', 'o', ' ', 'w', 'o', 'r', 'l', 'd', '!']
t = (1,2,3,4)
list(t)  #输出 [1, 2, 3, 4]
```

（2）列表索引

① 下标索引

下标索引是指通过使用列表中的元素位置来获取特定元素的值。在 Python 中，列表的下标从 0 开始，因此第一个元素的下标为 0，第二个元素的下标为 1，依次类推。通过使用下标索引，可以快速定位列表中的元素并获取其值。

```
l = [1,2,3,4,5]
l_2d = [[1,2,3],[4,5,6]]
print(l[0],l[1],l[-1],l[-3])              #输出 1 2 5 3
print(l_2d[0],l_2d[0][0],l_2d[-1][-1]) #输出 [1, 2, 3] 1 6
```

② 切片索引

切片索引是指通过使用切片（slice）来获取列表中一段连续的元素。在 Python 中，可以使用切片操作符（:）来创建一个切片对象，其基本语法为 start:stop:step，其中 start 表示起始索引（包含），stop 表示结束索引（不包含），step 表示步长（默认为 1）。通过使用切片索引，可以方便地从列表中提取一段连续的元素子序列。

```
l = [1,2,3,4,5]
l_2d = [[1,2,3],[4,5,6]]
print(l[0:2],l[0:4:1],l[:-1],l[0:],l[:],l[-1:0:-2]) #输出 [1, 2] [1, 2, 3, 4] [1, 2,
3, 4] [1, 2, 3, 4, 5] [1, 2, 3, 4, 5] [5, 3]
print(l_2d[0][1:3],l_2d[:][0],l_2d[0][0:2])              #输出 [2, 3] [1, 2, 3] [1, 2]
```

（3）修改列表

① 修改元素

修改元素是指通过索引或切片的方式，对列表中的一个或多个元素进行更改。

```
l = [1, 2, 3, 4, 5]
l[0] = 2      #修改元素
l             #输出 [2, 2, 3, 4, 5]
```

② 尾部增加元素

尾部增加元素是指向列表的末尾添加一个或多个元素的操作。在 Python 中，可以使用列表的 append()方法来实现在列表末尾添加单个元素。

```
l = [1, 2, 3, 4, 5]
l.append(10)        #在尾部增加单个元素
l                   #输出 [1, 2, 3, 4, 5, 10]
```

③ 默认弹出并删除尾部元素

默认弹出并删除尾部元素是指使用列表的 pop()方法来移除并返回列表中的最后一个元素。在 Python 中，调用 pop()方法时不提供任何参数，默认会操作列表中的最后一个元素。

```
l = [1, 2, 3, 4, 5]
x = l.pop()         #默认弹出并删除尾部最后一个元素
x                   #输出 5
l                   #输出 [1, 2, 3, 4]
```

④ 在指定位置插入元素

在指定位置插入元素是指在列表中的特定位置插入一个或多个元素的操作。在 Python 中，可以使用列表的 insert()方法来实现在指定位置插入元素。

```
l = [1, 2, 3, 4, 5]
l.insert(1,0)       #在指定位置插入元素
l                   #输出 [1, 0, 2, 3, 4, 5]
```

⑤ 弹出并删除指定位置元素

弹出并删除指定位置元素是指从列表中移除并返回特定位置的元素的操作。与默认弹出并删除尾部元素不同，可以通过在 pop()方法中传入要删除的元素的索引来指定要删除元素的位置。

```
l = [1, 2, 3, 4, 5]
x = l.pop(3)        #弹出并删除指定位置元素
x                   #输出 4
l                   #输出 [1, 2, 3, 5]
```

⑥ 按索引删除元素

按索引删除元素是指通过指定元素的索引来从列表中删除该元素的操作。在 Python 中，可以使用 del()方法来实现按索引删除元素的功能。

```
l = [1, 2, 3, 4, 5]
del(l[2])       #按索引删除元素
l               #输出 [1, 2, 4, 5]
```

⑦ 清空列表

清空列表是指将列表中所有的元素全部移除，使列表变为空列表的操作。在 Python 中，可以使用列表的 clear()方法来实现清空列表的功能。

```
l = [1, 2, 3, 4, 5]
l.clear()       #清空列表
l               #输出 []
```

⑧ 扩展列表

扩展列表是指将一个列表的所有元素添加到另一个列表的末尾，从而合并两个列表的操作。在 Python 中，可以使用列表的 extend()方法来实现扩展列表。

```
l = [1, 2, 3, 4, 5]
l.extend([1,2,3])       #扩展列表
l                       #输出 [1, 2, 3, 4, 5, 1, 2, 3]
```

⑨ 翻转列表

翻转列表是指将列表中的元素顺序颠倒，即将列表中的第一个元素移动到最后一个位置，第二个元素移动到倒数第二个位置，以此类推，从而得到一个新的顺序相反的列表。在 Python 中，可以使用列表的 reverse()方法来实现翻转列表的功能。

```
l = [1, 2, 3, 4, 5]
l.reverse()        #翻转列表
l                  #输出 [5, 4, 3, 2, 1]
```

⑩ 调用函数运算后排序

调用函数运算后排序是指对列表中的元素进行某种函数运算后，根据结果对列表进行排序的操作。在 Python 中，可以使用列表的 sort()方法来实现排序功能。sort()方法可以接受一个关键字参数 key，用于指定一个函数，该函数将作用于列表中的每个元素，并返回用于排序的关键字。

```
from math import sin  #导入 math 模块中的 sin()函数

l = [1, 2, 3, 4, 5]
l.sort()              #排序，从小到大
l
l.sort(reverse=True)  #排序后翻转
l
l.sort(key=sin)       #调用函数运算后排序
l
[sin(i) for i in [1,2,3,4,5]]
```

输出结果如下。

```
[1, 2, 3, 4, 5]
[5, 4, 3, 2, 1]
[5, 4, 3, 1, 2]
[0.8414709848078965,
 0.9092974268256817,
 0.1411200080598672,
 -0.7568024953079282,
 -0.9589242746631385]
```

（4）列表常用操作

① 获取列表长度

列表长度是指列表中包含的元素个数。在 Python 中，可以使用内置函数 len()来获取列表的长度。

```
l = [1, 2, 3, 4, 5]
n = len(l)   #列表长度
n #输出 5
```

② 获取列表中元素的最大值和最小值

最大值与最小值是指在列表中找到元素的最大值和最小值。在 Python 中，可以使用内置函数 max()和 min()来获取列表中的最大值和最小值。

```
l = [1, 2, 3, 4, 5]
```

```
max_l = max(l)    #最大值
min_l = min(l)    #最小值
[max_l, min_l]    #输出 [5, 1]
```

③ 计算列表中所有元素的和

列表所有元素的和是指将列表中所有元素的值进行求和操作。在 Python 中，可以使用内置函数 sum()来计算列表中所有元素的和。

```
l = [1, 2, 3, 4, 5]
sum_l = sum(l)    #列表所有元素的和
sum_l             #输出 15
```

④ 统计某个元素的个数

统计某个元素的个数是指在列表中计算特定元素出现的次数。在 Python 中，可以使用列表的 count()方法来实现这一功能。

```
l = [1, 1, 3, 4, 5]
c = l.count(1)    #统计某个元素的个数
c                 #输出 2
```

⑤ 查找某个元素第一次出现的索引

查找某个元素第一次出现的索引是指在列表中确定特定元素首次出现的位置。在 Python 中，可以使用列表的 index()方法来实现这一功能。

```
l = [1, 2, 3, 4, 5]
i = l.index(1)    #查找某个元素第一次出现的索引
i                 #输出 0
```

⑥ 直接赋值与浅拷贝

直接赋值其实就是对象的引用（别名）。浅拷贝其实就是拷贝父对象，但不会拷贝对象的内部的子对象。在 Python 中，可以使用列表的 copy()方法来进行浅拷贝。

```
l = [1, 2, 3, 4, 5]
l_same = l              #直接赋值后，两变量的内存地址相同
l_copy = l.copy()       #浅拷贝后，两变量的内存地址不同
print(id(l),id(l_same),id(l_copy)) #在不同的计算机上运行，得到的内存地址会不同
l[0] = 0
print(l,l_same,l_copy)
```

输出结果如下。

```
1905127250056 1905127250056 1905127345736
[0, 2, 3, 4, 5] [0, 2, 3, 4, 5] [1, 2, 3, 4, 5]
```

3.4.2 元组

元组是一种不可变的序列，使用圆括号()来表示，其中的元素可以是不同的数据类型，且一旦创建，其元素不可修改。元组可用于存储固定信息，具有数据安全性。掌握元组的创建方式有助于在编程中灵活运用元组，实现一些特定的功能，如批量赋值等。

（1）创建元组

在 Python 中，可以使用多种方式来创建元组。直接创建法就是直接使用圆括号()将元素

括起来，各元素之间用逗号分隔；tuple()函数法就是通过将其他可迭代对象（如列表、字符串等）作为参数传递给 tuple()函数来创建元组。

```
t0 = ()         #空元组
t0              #输出 ()
t1 = (1,)       #只有单个元素的元组
t1              #输出 (1,)
t2 = 2,3        #以逗号隔开默认为元组
t2              #输出 (2, 3)
x,y = [1,2,3],'world'  #等号两边都默认为元组，利用元组实现批量赋值
print(x,y)    #输出 [1, 2, 3] world
t3 = ('Jack',True,123,[1,2,3],{1:2,2:4},(1,2,3))  #直接创建法
t3  #输出 ('Jack', True, 123, [1, 2, 3], {1:2, 2:4}, (1, 2, 3))
t4 = tuple(range(5))   #tuple()函数法
t4  #输出 (0, 1, 2, 3, 4)
t5 = tuple([x**2 for x in range(3)])  #类型转换法（列表类型转换为元组类型）
t5  #输出 (0, 1, 4)
```

（2）修改元组

元组是不可变的，这意味着一旦创建，就无法直接修改其中的元素。如果需要对元组中的元素进行修改，通常需要重新创建一个新的元组来实现。

```
t = (1,3,2,6,5,4)
# t[0] = 2          #元组元素不可修改
# t.sort()          #元组不存在 insert()、sort()、pop()等方法
l = sorted(t)       #sorted()函数会先将元组转换成列表再排序
print(t,l)          #输出 (1, 3, 2, 6, 5, 4) [1, 2, 3, 4, 5, 6]
```

（3）使用元组

使用元组涉及索引、切片、len()、max()、min()、sum()、count()、index()等内置函数和操作方法。

```
t = (1,1,0,0,1,3)
t #输出 (1, 1, 0, 0, 1, 3)
t[-1],t[0:3]  #索引，输出 (3, (1, 1, 0))
len(t),max(t),min(t),sum(t) #常用函数，输出 (6, 3, 0, 6)
t.count(1),t.index(1,-4,-1) #元组方法，t.index(value,[start,[stop]])，输出 (3, 4)
```

3.4.3　字典

字典是无序的键值对（key:value）的集合，其中每个键（key）必须是不可改变的数据类型，如字符串、整数、浮点数、布尔值或元组，而不能是列表、字典、集合等可变数据类型。字典类似于数学上的映射结构，每个键都对应一个值，形成了一种一对一的关系。相比于列表，字典在频繁插入数据和快速查询方面具有优异的性能，因为字典内部采用了哈希表来实现，使得查找和插入操作的时间复杂度为 O(1)；字典占用的存储空间不是连续的，因此其存储空间通常比列表大得多。

（1）创建字典

在 Python 中创建字典的方法有以下 3 种。

① 直接创建法

直接创建法是指直接使用大括号{}来创建字典，并在其中通过键值对的方式定义字典的内容。每个键值对由键和值组成，中间使用冒号（:）分隔，不同的键值对之间使用逗号（,）分隔。

```
tel = {'Jack':18000110000,'Jimmy':18811981023}
tel      #输出 {'Jack': 18000110000, 'Jimmy':18811981023}
gender = dict([('Jack','male'),('Jimmy','male')])
gender   #输出 {'Jack':'male', 'Jimmy':'male'}
age = dict(Jack=20, Jimmy=18)
age      #输出 {'Jack':20, 'Jimmy':18}
address = dict(zip(['Jack','Jimmy'],['BeiJing','NewYork']))
address  #输出 {'Jack':'BeiJing', 'Jimmy':'NewYork'}
```

② 字典生成式

字典生成式是一种快速创建字典的方法，类似于列表生成式。使用字典生成式可以根据一定的规则快速生成字典对象，而无需显式地使用循环和条件语句。其基本语法为{key: value for item in iterable}，其中 key 表示字典中的键，value 表示对应的值，item 表示可迭代对象中的每个元素，iterable 表示可迭代对象。字典生成式会遍历可迭代对象中的每个元素，根据指定的规则生成字典的键值对。

```
d = {x:x**2 for x in range(5)}
d  #输出 {0:0, 1:1, 2:4, 3:9, 4:16}
g = {k:v for(k,v) in zip(['a','b'],[1,2])}
g  #输出 {'a':1, 'b':2}
```

③ fromkeys()函数法

fromkeys()函数法是使用字典类的 fromkeys()方法来创建字典的一种方式。这个方法接受一个可迭代的序列作为参数，并使用序列中的元素作为字典的键，同时将它们对应地设定为指定的默认值（默认为 None）。其基本语法为 dict.fromkeys(iterable, value=None)，其中 iterable 为可迭代的序列，value 为可选参数，表示要设置的默认值。

```
d = dict.fromkeys(['a','b','c'],10)
d  #输出 {'a': 10, 'b': 10, 'c': 10}
g = dict.fromkeys(['a','b','c'])
g  #输出 {'a': None, 'b': None, 'c': None}
```

（2）字典常用操作

① 查询

查询是指在字典中查找特定键对应的值的操作。字典提供了多种方法来实现查询，其中最常用的方法之一是使用 get()方法。get()方法接受一个键作为参数，并返回该键对应的值。如果字典中不存在该键，则返回默认值（默认为 None），而不会引发 KeyError 异常。其基本语法为 dict.get(key, default=None)，其中 key 为要查询的键，default 为可选参数，表示要返回的默认值。

```
d = {'a':1, 'b':2,'c':3}
print(d['a'])           #由 key 查询 value。输出 1
```

```
# print(d['f'])        #若 key 不存在会报错
print(d.get('f'))      #使用 get()方法可以避免错误。输出 None
print(d.get('f',0))    #若 key 不存在，返回设定值 0。输出 0
```

② 插值

插值是指向字典中添加新的键值对的操作。在 Python 中，可以使用 setdefault()方法来实现插值操作。setdefault()方法接受两个参数，第一个参数是要插入的键，第二个参数是要插入的默认值。如果字典中已经存在该键，则返回对应的值，不会进行插入操作；如果字典中不存在该键，则将键值对插入字典，并返回默认值。其基本语法为 dict.setdefault(key, default=None)。

```
d = {'a':1,'b':2,'c':3}
d      #输出 {'a': 1, 'b': 2, 'c': 3}
d['e'] = 4
d      #输出 {'a': 1, 'b': 2, 'c': 3, 'e': 4}
d.setdefault('h',0);  #若 key 不存在，返回设定的默认值。输出 0
d.setdefault('a',0);  #若 key 已经存在，setdefault()不会修改 key 原来的值，而且该方法会返回 key
原来的值。输出 1
d     #'h':0 被加入，'a'对应的值未被修改。输出 {'a': 1, 'b': 2, 'c': 3, 'e': 4, 'h': 0}
```

③ 更新值

更新值是指修改字典中已有键对应的值的操作。在 Python 中，可以使用 update()方法来实现更新值的操作。update()方法接受一个字典作为参数，将该字典中的键值对更新到原字典中。如果原字典中已经存在相同的键，则会将其对应的值更新为新字典中的值；如果原字典中不存在相同的键，则会将新的键值对添加到原字典中。

```
d = {'a':1,'b':2,'c':3}
d  #输出 {'a': 1, 'b': 2, 'c': 3}
d['a'] = 10
d  #更新单个值。输出 {'a': 10, 'b': 2, 'c': 3}
d.update({'a':100,'b':200,'f':300})
d  #批量更新值。输出 {'a': 100, 'b': 200, 'c': 3, 'f': 300}
```

④ 删除值

在字典操作中，经常涉及删除特定键值对的操作。Python 提供了 4 种不同的方法来实现这一功能，分别是 pop()、del()、popitem()和 clear()方法。pop()方法用于删除指定键对应的键值对，并返回该键对应的值。popitem()方法用于随机删除并返回字典中的一对键值对（通常是最后一个键值对）。clear()方法用于清空字典中的所有键值对，使得字典变为空字典。调用这个方法时不需要传入参数。

```
d = {'a':1,'b':2,'c':3,'f':5}
d   #输出 {'a': 1, 'b': 2, 'c': 3, 'f': 5}
x = d.pop('a') #用 pop()删除值
d   #输出 {'b': 2, 'c': 3, 'f': 5}
x   #输出 1
del(d['b'])        #用 del()删除值
d  #输出 {'c': 3, 'f': 5}
```

```
x = d.popitem()   #用 popitem()弹出键值对
x  #输出 ('f', 5)
d  #输出 {'c': 3}
d.clear()          #清空列表
d  #输出 {}
```

⑤ 返回键值列表

在字典操作中，经常需要获取字典中的键、值或者键值对。Python 提供了 3 种方法来实现这一功能，分别是 keys()、values()和 items()方法。keys()方法返回一个包含字典所有键的可迭代对象，可以通过遍历获取字典中的所有键。values()方法返回一个包含字典所有值的可迭代对象，可以通过遍历获取字典中的所有值。items()方法返回一个包含字典所有键值对的可迭代对象，每个键值对以元组的形式呈现。

```
d = {'a':1,'b':2,'c':3}
d    #输出 {'a': 1, 'b': 2, 'c': 3}
k = list(d.keys())
k    #输出 ['a', 'b', 'c']
v = list(d.values())
v    #输出 [1, 2, 3]
kv = list(d.items())
kv  #输出 [('a', 1), ('b', 2), ('c', 3)]
```

3.4.4 集合

集合是一种无序且唯一的元素集合，类似于数学中的集合概念。在 Python 中，集合可以看作是一种只有键（key）的字典，其中的键就是集合中的元素。与字典类似，集合中的元素必须是不可变的数据类型，如字符串、数字、元组等，而不能是列表、集合、字典等可变数据类型。集合在 Python 中广泛应用于去除重复元素、求交集、并集、补集等算法。由于集合中的元素是唯一的，因此可以很方便地通过集合来实现去除重复元素的功能。此外，集合还提供了丰富的方法来实现集合之间的交集、并集、补集等操作，如 intersection()、union()、difference()等方法。

（1）创建集合

在 Python 中，可以使用大括号{}或者 set()函数来创建集合。集合的创建过程中会自动去除重复的元素，以确保集合中的元素唯一性。在 Python 中，可以使用以下 3 种方法来创建集合：直接赋值法、集合生成式、类型转换法。

```
s0 = set()
s0  #空集不能用{}表示。输出 set()
#s1 = {[1,2,3],True,'hello'}; #集合的元素不能是可变数据类型
s1 = {(1,2,3),True,'hello'}    #直接赋值法
s1  #输出 {(1, 2, 3), True, 'hello'}
s2 = {x**2 for x in range(5)} #集合生成式
s2  #输出 {0, 1, 4, 9, 16}
s3 = set([1,1,1,2,2,2,3,3,3]) #类型转换法，会去除重复元素
s3  #输出 {1, 2, 3}
```

（2）修改集合

Python 提供了多种方法来实现集合的修改，包括 add()、pop()、remove()、discard()和 update()等方法。

```
s = {1,2,3,4,5}
s   #输出 {1, 2, 3, 4, 5}
s.add(7)  #增加元素
s   #输出 {1, 2, 3, 4, 5, 7}
s.pop()  #弹出元素，无参数。返回 1
s   #输出 {2, 3, 4, 5, 7}
s.remove(3) #删除指定元素，该元素必须存在
s   #输出 {2, 4, 5, 7}
s.discard(5) #若指定元素存在则删除
s   #输出 {2, 4, 7}
s.update({1,2,3,9,10}) #更新集合，与字典中的 update()功能一致
s   #输出 {1, 2, 3, 4, 7, 9, 10}
```

（3）集合常用操作

使用集合涉及一系列常用的操作，包括并集、交集、差集、对称差集、子集、超集、不相交等。在 Python 中，可以使用以下方法来实现这些操作：并集（Union）、交集（Intersection）、差集（Difference）、对称差集（Symmetric Difference）、子集（Subset）、超集（Superset）、不相交（Disjoint），以及更新交集（Intersection Update）等。

```
s = {1,2,3,4,5};  #一个商家的产品集
t = {4,5,6};      #另一个商家的产品集
print(s,t)
print(len(s),max(s),min(s),sum(tuple(s))) #常用函数。求产品数、最大产品编号、最小产品编号、产品集编号和
print(s,s.union(t)) #并集。所有产品的并集
print(s|t) #并集
print(s,s.intersection(t)) #交集。两个商家共同销售的产品集
print(s&t) #交集
print(s,s.difference(t)) #差集：广义补集，元素属于 s 但不属于 t。第一个商家独有的产品
print(s,s.symmetric_difference(t)) #对称差集：元素属于 s 但不属于 t 或者元素属于 t 但不属于 s。只有一个商家有的产品
print(s.issubset(t),s.issuperset(t),s.isdisjoint(t)) # s 是否为 t 的子集、超集、不相交集
s.intersection_update(t); #求交集，将结果更新到 s 中。求交集后更新到第一个商家的产品集
print(s)
#s.difference_update(t),s.symmetric_difference_update(t) 作用类似
```

输出结果如下。

```
{1, 2, 3, 4, 5} {4, 5, 6}
5 5 1 15
{1, 2, 3, 4, 5} {1, 2, 3, 4, 5, 6}
{1, 2, 3, 4, 5, 6}
{1, 2, 3, 4, 5} {4, 5}
{4, 5}
{1, 2, 3, 4, 5} {1, 2, 3}
{1, 2, 3, 4, 5} {1, 2, 3, 6}
```

```
False False False
{4, 5}
```

3.5 Python 选择结构

在 Python 的选择结构中，if 语句和多分支选择结构使程序能够根据条件灵活地决定执行路径，而短路计算和强制类型转换则为数据处理和逻辑判断提供了便捷的方法。此外，try...except...语句也赋予了程序处理异常情况的能力，使代码更加健壮和可靠。

3.5.1 if 语句

（1）if 语句

在 Python 中，if 语句是一种条件控制语句，用于根据条件判断执行不同的代码块。

```
#求两个数中的较大数
a, b = 2, 3
if a >= b:
    c = a
if b >=a:
    c = b
print('the max of a,b is', c)  #输出 the max of a,b is 3
```

（2）if...else...语句

if...else...语句是 Python 中的一种条件控制结构，用于在条件满足时执行一段代码，否则执行另一段代码。

```
#求两个数中的较大数
a, b = 2, 3
if a > b:
    c = a
else:
    c = b
print('the max of a,b is', c)  #输出 the max of a,b is 3
```

（3）单行 if...else...语句

Python 允许将简单的 if...else...语句写成单行形式，这种形式非常适用于条件简单且代码量较少的情况。

```
#求两个数中的较大数
a, b = 2, 3
c = a if a >= b else b
print('the max of a,b is', c) #输出 the max of a,b is 3
```

（4）if...elif...else...语句

if...elif...else...语句是 Python 中的一种多分支条件控制结构，用于根据不同的条件执行不同的代码块。

```
#求 3 个数中的较大数
a, b, c = 3, 1, 2
if a >= b and a >= c:
    d = a
```

```
    elif b >= c:
        d = b
    else:
        d = c
    print('the max of a,b,c is', d) #输出 the max of a,b,c is 3
```

3.5.2 多分支选择结构

Python 没有类似于 C 语言 switch 的关键字，如果要实现多分支选择结构，可以用如下方法。

（1）利用 if...elif...elif...else...语句实现多分支选择结构

在 Python 中，可以使用 if...elif...elif...else...语句实现多分支选择结构，用于根据不同的条件判断执行不同的代码块，非常适用于需要考虑多个条件进行程序控制和逻辑判断的情况。

```
    #给定城市名称，求邮政编码
    city = 'Guangzhou'
    if city == 'Beijing':
        postcode = '100000'
    elif city == 'Shanghai':
        postcode = '200000'
    elif city == 'Guangzhou':
        postcode = '510000'
    elif city == 'Shenzhen':
        postcode = '518000'
    else:
        postcode == 'XXXXXX'
    print(f"{city}'s postcode is: {postcode}")  #f 字符串使用花括号{}来表示占位符，并在字符串前
面加上'f'前缀。输出 Guangzhou's postcode is: 510000
```

（2）利用字典查询

在 Python 中，字典是一种映射数据类型，可以将每个条件与相应的执行代码关联起来，然后根据条件直接从字典中查找对应的执行代码，从而实现多分支选择。

```
    #给定城市名称，求邮政编码
    city = 'Dalian'
    Dict_postcode = {'Beijing':'100000','Shanghai':'200000','Guangzhou':'510000',
'Shenzhen':'518000'}
    postcode = Dict_postcode.get(city,'XXXXXX')
    print(f"{city}'s postcode is: {postcode}") #输出 Dalian's postcode is: XXXXXX
```

3.5.3 短路计算和强制类型转换

Python 的与、或、非运算分别用关键字 and、or、not。[]、{}、set()会被视为 False。对 and 而言，Python 会从左到右计算操作对象，然后返回第一个为 False 的操作对象。对 or 而言，Python 会从左到右计算操作对象，然后返回第一个为 True 的操作对象。找到第一个为 False 或为 True 的操作对象后，此后操作对象不再被计算。and 和 or 运算的这种性质叫作短路计算。

（1）[] and {}

```
    [] and {}  #输出 []
```

在 Python 中，空列表和空字典都被视为 False。因此，当使用 and 运算符对空列表和空

字典进行逻辑运算时，结果为False。因为左侧的表达式为False，所以整个表达式的值为False，不再执行右侧的表达式。

（2）{} or set()

```
{} or set() #输出 set()
```

在 Python 中，空字典和空集合都被视为 False。因此，当使用 or 运算符对空字典和空集合进行逻辑运算时，结果为 False。因为左侧的表达式为 False，所以整个表达式的值为右侧的表达式。

（3）利用短路计算实现选择结构

```
#求两个数中的较大数
a, b = 3, 2
c = (a>=b and a) or (a<b and b)
print('the max of a,b is', c)   #输出 the max of a,b is 3
```

上述代码中的and 和 or 是逻辑运算符，它们的优先级是 and > or。(a>=b and a)：如果 a>=b，则返回 a；否则返回 False。(a<b and b)：如果 a<b，则返回 b；否则返回 False。最后，使用 or 运算符将两个部分合并起来，如果第一个部分为 False，则返回第二个部分的值。因此，最终结果是变量 c 等于 a 和 b 中的较大值。

（4）利用强制类型转换实现选择结构

```
#求两个数中的较大数
a, b = 4, -1
c = (a>=b)*a+(a<b)*b #True 被强制转换为 1，False 被强制转换为 0
print('the max of a,b is', c)  #输出 the max of a,b is 4
```

3.5.4 try...except...语句

Python 中常用 try...except...语句来处理可能出现的错误，其本质上也是一种选择结构。

（1）利用 if...else...语句来判断是否合法

```
#尝试对两个列表做点乘
from numpy import dot  #导入 NumPy 库中的 dot()函数

a = [1, 2, 3]; b = [3, 4, 5, 6]
if len(a) == len(b):
    ab = dot(a,b)
    print('a.b = ', ab)
else:
    print("Error:a&b don't have the same length!")  #输出 Error:a&b don't have the same
length!
```

（2）使用 try...except...语句来处理错误

```
l = [1, 2, 'abc', True]
try:
    sum_l = sum(l)
    print(sum_l)
except Exception as e:
    print("Error:", e)  #输出 Error:unsupported operand type(s) for +: 'int' and 'str'
```

3.6 Python 循环结构

Python 循环结构涵盖强大的 for 循环和灵活的 while 循环，以及生成式和高阶函数等高效的迭代方式，为不同场景下的数据处理和操作提供了多样化的选择。通过向量化等技术，循环过程可以得到优化，而使用循环控制则能够精确地管理程序的流程，使编程变得更加灵活和可控。

3.6.1 for 循环

在 Python 中，for 循环用于遍历任何序列类型的数据，如列表、元组、字符串等。for 循环的基本语法格式如下。

```
for 变量 in 序列:
   循环语句
```

示例：输出列表中内容

```
for i in [0, 1, 2]:
    print(i) #输出 0,1,2
```

考虑到使用的数字范围可能会经常变化，Python 提供了一个内置 range()函数，该函数可以生成一个数字序列。range()函数在 for 循环中的基本语法格式如下。

```
for i in range(start, end):
    循环语句
```

程序在执行 for 循环时，循环计数器变量 i 被设置为 start，然后执行循环语句，i 依次被设置为从 start 开始到 end 结束之间的所有值，每设置一个新值都会执行一次循环语句。当 i 等于 end 时，循环结束。

（1）遍历可迭代对象

```
for i in 'hello':
    print(i)        #输出 h、e、l、l、o

for x in {1, 2, 3}:
    print(x)        #输出 1、2、3

for x in {'a':1, 'b':2}: #遍历的是 key
    print(x)        #输出 a、b

for k,v in {'a':1, 'b':2}.items():
    print(k,v)      #输出 a 1、 b 2
```

（2）单重 for 循环

```
#求一个列表中最大的元素
l = [1, 5, 4, 6, 7, 8, 2, 0]
max_l = l[0]
for i in l:  #直接遍历列表
    max_l = i if i > max_l else max_l
```

```
print(max_l) #输出 8

#求一个列表中最大元素的索引
l = [1, 5, 4, 6, 7, 8, 2, 0]
max_l, mi = l[0], 0
for i in range(len(l)): #通过索引遍历列表
    if l[i] > max_l:
        max_l = l[i]
        mi = i
print(mi)    #输出 5

#验证结果
print(l.index(max(l))) #直接调用 max()函数，输出 5
```

（3）多重 for 循环

示例：输出一个“九九乘法表”

```
for i in range(1, 10):
    for j in range(1, i+1):
        print(f"{j}x{i}={i*j}", end="\t") # end 参数用于指定输出行末的字符，默认是换行符\n。
    print()  #在控制台上输出一行空行（即仅输出一个换行符\n）
```

输出结果如下。

```
1×1=1
1×2=2	2×2=4
1×3=3	2×3=6	3×3=9
1×4=4	2×4=8	3×4=12	4×4=16
1×5=5	2×5=10	3×5=15	4×5=20	5×5=25
1×6=6	2×6=12	3×6=18	4×6=24	5×6=30	6×6=36
1×7=7	2×7=14	3×7=21	4×7=28	5×7=35	6×7=42	7×7=49
1×8=8	2×8=16	3×8=24	4×8=32	5×8=40	6×8=48	7×8=56	8×8=64
1×9=9	2×9=18	3×9=27	4×9=36	5×9=45	6×9=54	7×9=63	8×9=72	9×9=81
```

3.6.2 while 循环

在 Python 中，while 循环用于在条件为真时重复执行一段代码块，直到条件不再满足为止。while 循环的基本语法格式如下。

```
while 条件表达式:
    条件满足，执行循环语句
```

示例 1：计算 1～100 偶数和

```
i = 0
sum_result = 0
while i < 101:
    if i%2 == 0:
        sum_result += i
    i+=1
print(f'偶数和为：{sum_result}')  #输出 偶数和为：2550
```

示例 2：输出三角形图案

```
i = 1
while i < 6:
    j = 0
```

```
    while j < i:
        print('* ', end='')
        j += 1
    print('\n')  #换行符
    i += 1
```

输出结果如下。

```
*

* *

* * *

* * * *

* * * * *
```

3.6.3 生成式

生成式是一种简洁而强大的循环结构，可以通过简单的语法来快速生成列表、集合和字典等数据结构。生成式的语法结构简单明了，能够以简洁的方式实现对序列的快速构建和处理。使用生成式可以取代传统的循环结构，使代码更加简洁和易读。

（1）单循环遍历

```
#求列表全部元素的绝对值
l = [1, 2, -1, 3, 0, -2, -3]
absl = [i if i>0 else -i for i in l]
absl  #输出 [1, 2, 1, 3, 0, 2, 3]

#将字典中全部 value 求平方
d = {'a':1, 'b':2, 'c':3}
dsquare = {k:v**2 for (k,v) in d.items()}
dsquare  #输出 {'a': 1, 'b': 4, 'c': 9}
```

（2）for 遍历+if 筛选

```
#筛选序列中大于 0 的元素
l = [1, 2, -1, 3, 0, -2, -3]
lbt0 = [i for i in l if i>0]
lbt0   #输出 [1, 2, 3]

#求两个集合的交集
A = {1,2,3,4,5,6}
B = {4,5,6,7,8,9}
AandB = {i for i in A if i in B}
AandB  #输出 {4, 5, 6}
```

（3）for 多重遍历

```
#求两个集合中所有元素可能的组合
girls = {'Lucy', 'Mary'}
boys = ['Tom', 'Jim']
couples = {(b,g) for b in boys for g in girls}
couples   #输出 {('Tom', 'Lucy'), ('Jim', 'Lucy'), ('Jim', 'Mary'), ('Tom', 'Mary')}
```

3.6.4 高阶函数

3-2 高阶函数

在 Python 中，高阶函数是一种特殊的函数，它可以接受其他函数作为参数。这种特性使得函数能够更加灵活地进行组合和使用，从而实现更加复杂的功能。常见的高阶函数有 map()、reduce()、filter()、sorted()等。

（1）map()映射

map()函数是一个内置函数，它接收两个参数：一个函数和一个可迭代对象。map()函数将函数应用于可迭代对象中的每个元素，并返回一个新的可迭代对象，其中包含应用函数后的结果。

```
import math
import numpy as np

#求列表中各个元素的平方根
l = list(map(math.sqrt, [1, 2, 3]))
l   #输出 [1.0, 1.4142135623730951, 1.7320508075688772]

#求两个向量的和
s = list(map(np.add, [1, 2, 3], [3, 2, 1])) # NumPy 库中的 add()函数
s   #输出 [4, 4, 4]
```

（2）reduce()降维

reduce()函数是一个内置函数，它接收两个参数：一个函数和一个可迭代对象。reduce()函数将函数应用于可迭代对象中的每个元素，并对这些元素进行累积操作，最终返回一个单一的值。

```
from functools import reduce   #导入 functools 模块中的 reduce()函数

#求列表中所有元素的乘积
p = reduce(lambda x, y: x*y, [1, 2, 3, 4])
p  #输出 24
```

（3）filter()过滤

filter()函数是一个内置函数，它接收两个参数：一个函数和一个可迭代对象。filter()函数将函数应用于可迭代对象中的每个元素，并返回一个新的可迭代对象，其中包含函数返回值为 True 的元素。

```
#过滤出列表中的全部正数
l = [1, 2, 3, -1, -3, 0]
q = filter(lambda x: True if x > 0 else False, l)
list(q)   #输出 [1, 2, 3]
```

（4）sorted()排序

sorted()函数是一个内置函数，它接收一个可迭代对象，并返回一个新的已排序的列表。

```
#对列表进行排序
a = [5, 3, 4, 2, 1]
sorted(a)
```

3.6.5 向量化

向量化是一种强大的编程技术，用于替代传统的循环结构，通过对整个数据集合进行操作来提高计算效率。在 Python 中，可以使用 array()函数来实现向量化操作。使用向量化的主要优势在于其能够利用底层优化的机制，将循环内部的操作转化为对整个数据集合的操作，从而减少了循环的迭代次数，提高了计算速度。特别是对于较大规模的数据集合，向量化能够显著地提高程序的执行效率。

示例 1：求一个向量中所有元素的平方根

```
from pandas import array #导入 Pandas 库中的 array()函数。
import numpy as np

l = array(range(5))
lsqrt = np.sqrt(l) #需要调用 np
lsqrt   #输出 [0.0, 1.0, 1.4142135623730951, 1.7320508075688772, 2.0]
```

示例 2：求两个向量的和

```
from pandas import array  #导入 Pandas 库中的 array()函数。

a = [1, 2, 3]
b = [4, 5, 6]
c = array(a) + array(b)
c  #输出 [5, 7, 9]
```

3.6.6 循环控制

循环控制是编程中常用的一种技术，用于在循环执行过程中控制循环的行为。Python 提供了几种循环控制语句，包括 break、continue 和 pass。

（1）break 语句

break 语句用于立即跳出当前所在的最内层循环，并继续执行循环之后的代码。

```
for j in range(3):
    print('j = ', j)
    for i in 'hello world':
        print(i, end='')
        if i == ' ':
            break
    print('i = ', i)
```

输出结果如下。

```
j =  0
hello i =
j =  1
hello i =
j =  2
hello i =
```

（2）continue 语句

continue 语句用于跳过当前循环中剩余的代码，并直接进行下一次循环的迭代。

```
for j in range(3):
```

```
    print('j = ', j)
    for i in 'hello world':
        print(i, end='')
        if i==' ':
            continue
    print(' i= ', i)
```

输出结果如下。

```
j =  0
hello world i=  d
j =  1
hello world i=  d
j =  2
hello world i=  d
```

（3）pass 语句

pass 语句是一个空操作，用于保持语法完整性，不做任何操作，通常用作占位符或者在未完成的代码块中。

```
for i in range(1, 20):
    if i%5 == 0:
        print("1 到 20 以内的是 5 的倍数的整数依次为：", i)
    else:
        pass  #pass 语句没有起什么作用，也不会改变程序的流程
```

输出结果如下。

```
1 到 20 以内的是 5 的倍数的整数依次为：5
1 到 20 以内的是 5 的倍数的整数依次为：10
1 到 20 以内的是 5 的倍数的整数依次为：15
```

3.7 Python 函数

Python 函数是构建程序模块化结构的重要组成部分，它们通过定义、传递信息以及处理实参和形参，实现了代码的重用和逻辑的分解。函数在程序中扮演着模块化设计的关键角色，通过将代码划分为较小的可重用单元，使得代码结构更加清晰和易于维护。Python 中的返回值、递归函数、匿名函数和闭包函数等概念，提供了丰富的功能和特性，以满足用户不同场景下的编程需求。

3.7.1 定义函数

在 Python 中，使用 def 关键字来定义函数。定义函数时，首先指定函数的名称，然后在括号()中可以列出相关的参数信息。函数体由后续的所有缩进代码构成，这些代码定义了函数的具体功能和执行逻辑。要使用某个函数，可以通过函数名以及用括号()括起的必要信息来调用它。

```
#定义函数
def hello():
    print("hello word")
```

```
#调用函数
hello()   #输出 hello word
```

3.7.2 向函数传递信息

要向函数传递信息，可以在函数定义时在括号内声明参数。通过在参数列表中指定参数的名称，函数就能够接受调用者提供的任意值。这样，在函数调用时，可以将具体的值传递给这些参数，从而让函数在执行时能够使用这些值进行相应的操作。例如，可以在函数定义中添加参数 name，使得函数能够接受一个名为 name 的值，代码如下。

```
def hello(name):
    print("hello, "+ name + "!")

hello('广西')  #输出 hello, 广西!
```

当调用 hello()函数时，函数接受了传递给它的名字，并输出了相应的结果。

3.7.3 形参和实参

在函数定义中，形参是指在函数定义中声明的参数，它们是函数完成工作所需要的信息的占位符。形参在函数定义时被指定，并且在函数体内用来表示接收到的实际值。形参的名称可以在函数定义中随意选择，它们通常用于表示函数所需的不同参数。

而在函数调用时，需要向函数传递实际的数值、变量或对象，这些传递给函数的值被称为实参。实参是在函数调用时提供给函数的真实数据，它们填充了函数定义中的形参位置，从而使函数能够对这些实参进行操作。在函数调用时，可以根据形参的顺序或名称来给函数传递实参，以便函数能够正确地接收并处理这些数据。

例如，上述代码中，在函数 hello()的定义中，name 是一个形参（函数完成其工作所需要的一项信息）。在代码 hello('广西')中，值‘广西’是一个实参。

3.7.4 传递实参

在函数调用过程中，我们需要向函数传递实际的数值或对象，这些传递给函数的值被称为实参。函数定义时可能包含多个形式参数，而在函数调用时，需要根据这些形参的要求提供相应数量和顺序的实参。传递实参的方式多种多样，如通过位置、关键字等。

（1）位置实参

位置实参要求实参的顺序与形参的顺序相同。

```
def pet_info(product_type, product_name):
    print("I have a " + product_type + ".")
    print("My "+ product_type + "'s name is "+ product_name  + ".")

pet_info("smartphone", "Apple iPhone 12 Pro Max")
```

输出结果如下。

```
I have a smartphone.
My smartphone's name is Apple iPhone 12 Pro Max.
```

在上述代码中，该函数的定义表明，它需要一种产品类型和一个产品名字，调用该函数时，需要按顺序提供一种产品类型和一个产品名字。实参“smartphone”存储在形参 product_type 中，而实参“Apple iPhone 12 Pro Max”存储在形参 product_name 中。

（2）关键字实参

关键字实参是传递给函数的“名称-值”对，这种方式是直接将名称和值关联起来作为实参，而不用考虑调用函数时的实参顺序。

```
def pet_info(product_type, product_name):
    print("I have a " + product_type + ".")
    print("My "+ product_type + "'s name is "+ product_name  + ".")

pet_info(product_type="smartphone", product_name="Apple iPhone 12 Pro Max")
```

输出结果如下。

```
I have a smartphone.
My smartphone's name is Apple iPhone 12 Pro Max.
```

（3）默认参数

在编写函数时，可以给每一个形参指定默认值。调用函数时，程序会使用给定的实参值；如果没有给定实参值，则使用形参的默认值。

```
def pet_info(product_name, product_type='smartphone'):
    print("I have a " + product_type + ".")
    print("My " + product_type + "'s name is " + product_name + ".")

pet_info(product_name="Apple iPhone 12 Pro Max")
```

输出结果如下。

```
I have a smartphone.
My smartphone's name is Apple iPhone 12 Pro Max.
```

注意：定义函数时，要将没有默认值的参数放在前面，否则会报错。如果显式地为形参 product_type 提供了实参，程序将忽略形参的默认值。

（4）传递任意数量的实参

在 Python 中，可以使用*args 传递任意数量的位置参数，它将所有位置参数打包成一个元组。**kwargs 用于传递任意数量的关键字参数，它将所有关键字参数打包成一个字典。

```
def make_pizza(*toppings, **other):
    print(toppings, other)

make_pizza('蘑菇','青椒', place='桂林', street='学院路餐馆') #输出 ('蘑菇', '青椒')
{'place': '桂林', 'street': '学院路餐馆'}
```

形参名*toppings 中的星号（*）让 Python 创建一个名为 toppings 的空元组，并将接收的所有值都封装到该元组里。形参名**other 中的双星号（**）让 Python 创建一个名为 other 的空字典，并将接收的所有值都封装到该字典里。

3.7.5 返回值

返回值是函数执行后传递给调用方的结果。在函数内部，可以使用 return 语句来指定函数返回的值。当函数执行到 return 语句时，程序将会退出函数，并将 return 语句后面的值作为函数的返回值返回给调用函数的代码行。这个返回值可以被调用方使用，用于后续的计算、输出或其他操作。return 语句也可以用于提前结束函数的执行，并返回指定的值。

（1）返回简单值

```
def get_formatted_name(first_name, last_name):
    full_name = first_name + last_name
    return full_name

student_a = get_formatted_name('高', '广尚')
student_a  #输出 高广尚
```

调用有返回值的函数时，需要提供一个变量，用于存储函数的返回值。

（2）返回字典

函数可以返回任何类型（包括列表和字典等较复杂的数据结构）的值。

```
def build_person(name, gender, age):
    person = {"name": name, "gender": gender, "age": age}
    return person

student_a = build_person('高广尚','male', 44)
student_a   #输出 {'name': '高广尚', 'gender': 'male', 'age': 44}
```

函数 build_person()接收姓名、性别和年龄，并将这些值封装到字典中。存储形参 name 的值时，使用的键为“name”。存储形参 gender 的值时，使用的键为“gender”。存储形参 age 的值时，使用的键为“age”。最后返回整个字典。

3.7.6　递归函数

3-3　递归函数

递归函数是一种特殊的函数，其定义中包含对自身的调用。在递归函数中，函数会通过对自身的调用来解决问题，每次调用通常会处理一个规模更小的子问题，直到达到某个终止条件为止。递归函数在处理问题时采用了“分而治之”的思想，将问题分解为更小的子问题，并通过不断地递归调用来解决这些子问题，最终达到解决整个问题的目的。

示例：按给定次数来输出内容

```
def my_print(content, count):
    print(content)
    if count == 1:
        return   # 递归终止的条件是 count==1，当这个条件满足时就会执行 return 语句，退出函数
    my_print(content, count-1)

my_print('ok', 2)
```

输出结果如下。

```
ok
ok
```

3.7.7　匿名函数

在 Python 中，匿名函数，也称为 lambda 函数，是一种没有名称的小型函数。它们通常用

于需要一个简单函数（如作为另一个函数的参数）或临时函数的情况。lambda 函数的语法简洁明了，由关键字 lambda、参数列表和一个表达式组成。其基本语法格式为：

```
lambda arguments: expression
```

其中，arguments 是函数的参数列表，可以是任意数量的参数，而 expression 是函数的返回值。lambda 函数只能包含一个表达式，且该表达式的结果会自动作为函数的返回值。

示例：将列表中的每个项加倍

```
l = [-4, 3, -2, 1]              # 列表
list(map(lambda x: x*2, l))     # 将列表中的每个项加倍，输出 [-8, 6, -4, 2]
```

3.7.8 闭包函数

闭包函数是一种特殊的函数，其基本思想是在函数内部定义另一个函数，并在外部函数返回内部函数的同时，将其包裹在一起形成闭包。闭包函数的特点是内部函数可以访问并修改外部函数中定义的变量，即使外部函数已经执行完毕并返回，这些变量仍然会被保留在内存中。这样的机制使得内部函数具有了在外部函数作用域之外访问和修改变量的能力，从而实现了一种高度灵活和封闭的功能。闭包函数常用于需要在函数内部保留状态或实现某种特定功能的场景中。

示例：创建一个计数器对象，并使用它来计数

```
def counter():
    count = 0
    def inner():
        nonlocal count
        count += 1
        return count
    return inner

c = counter()
c()  #输出 1
c()  #输出 2
c()  #输出 3
```

分析：使用 nonlocal 关键字告诉 Python 解释器，变量 count 不是内部函数的局部变量，而是外部函数的变量。程序将输出 1、2 和 3，因为每次调用 c()函数时，它都将返回变量 count 的当前值，并将其递增 1。

3.7.9 将函数存储在模块中

将函数存储在模块中是一种将代码组织和重用的方法。在 Python 中，可以将函数定义放在一个独立的文件中，这个文件被称为模块。通过使用 import 语句，可以将这个模块导入到其他 Python 程序中，从而可以在当前程序中使用模块中的函数。

要创建一个模块，只需创建一个扩展名为.py 的 Python 文件，并在其中编写函数定义。

例如，在一个名为 pizza.py 的文件中定义一个名为 make_pizza()的函数，代码如下。

```
def make_pizza(*toppings):
    print(toppings)
```

然后，在主程序中，使用 import 语句将 pizza 模块导入，并调用 make_pizza()函数。

```
import pizza

pizza.make_pizza('mushrrooms', 'green peppers', 'cheese')
```

输出结果如下。

```
('mushrrooms', 'green peppers', 'cheese')
```

Python 执行这个文件时，代码 import pizza 让 Python 打开文件 pizza.py，从而可以在程序中使用该模块中的所有函数。

3.8　Python 模块和包

在 Python 中，模块是指一个.py 文件，它包含了类、函数和变量等的定义，是一种代码的组织形式和封装单元。而包是一个包含多个模块的文件夹，用于更好地组织和管理代码。包中还可以包含子包，形成多层次的组织结构。

使用模块和包的好处有两个方面：一是便于引用，可以通过导入模块或包的方式在其他代码中使用其中的功能；二是避免命名冲突，模块和包提供了命名空间的机制，将代码封装在不同的命名空间中，可避免不同模块或包之间的命名冲突。

3.8.1　导入模块

（1）普通导入

示例：import...

```
import datetime #普通导入

datetime.datetime.now() #输出 datetime.datetime(2023, 8, 11, 16, 42, 47, 28718)
```

（2）以别名导入

示例：import... as ...

```
import datetime as dt #以别名导入

dt.datetime.now() #输出 datetime.datetime(2023, 8, 11, 16, 43, 22, 935847)
```

（3）导入模块中的特定内容

示例：from... import...

```
from datetime import datetime #导入模块中的特定内容

datetime.now()   #输出 datetime.datetime(2023, 8, 11, 16, 45, 15, 129217)
```

（4）导入模块中的全部内容

示例：from... import *

```
from datetime import * #导入模块中的全部内容

datetime.today()  #输出 datetime.datetime(2023, 8, 11, 16, 45, 58, 875950)
```

3.8.2 定义模块

新建 hello.py 文件作为一个模块，并在其中输入以下内容。

```
__author__ = '高广尚'  # 作者信息
def _Email():           # 模块私有函数
    print("25969393@qq.com")
def __QQ_Account():    # 模块私有函数
    print("25969393")

def hello(person = 'world'): # 模块公有函数
    print("Hello",person)

def test(): # 测试代码
    hello()
    hello('China')
    print('联系我：',end='\t')
    _Email() # 调用私有函数
    print('QQ 号码：',end='\t')
    __QQ_Account()

# 当直接运行模块时，执行测试代码。引入模块时，不执行测试代码
if __name__ == '__main__':
    test()
```

在命令行终端中运行 hello.py 文件并得到输出结果，如图 3-1 所示。

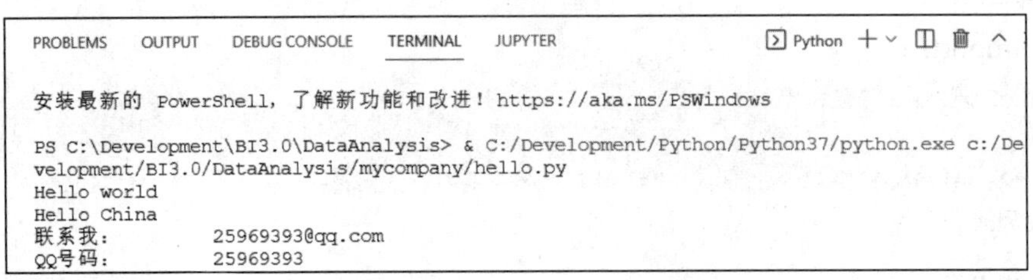

图 3-1 运行 hello.py 文件结果

在其他文件中调用模块 hello.py 文件，并得到输出结果，如图 3-2 所示。

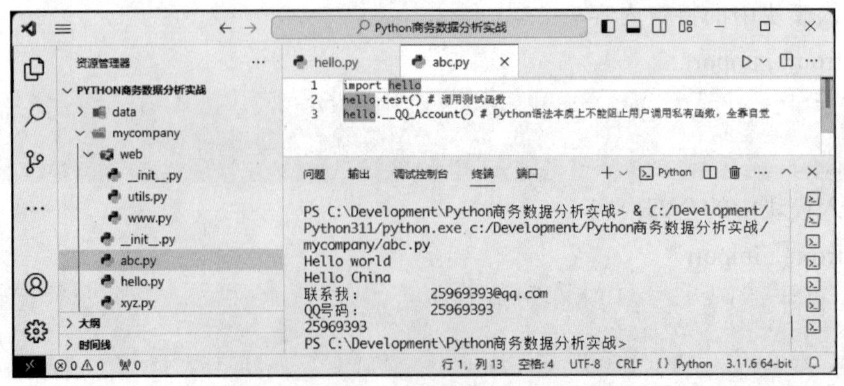

图 3-2 调用模块 hello.py 文件

3.8.3 定义包

（1）简单包

包中必须含有__init__.py 文件，否则将被视为普通文件夹，如图 3-3 所示。

- __init__.py 文件可以是空文件，也可以含有代码。
- __init__.py 文件对应的包名是 mycompany。
- abc.py 文件对应的模块名是 mycompany.abc。

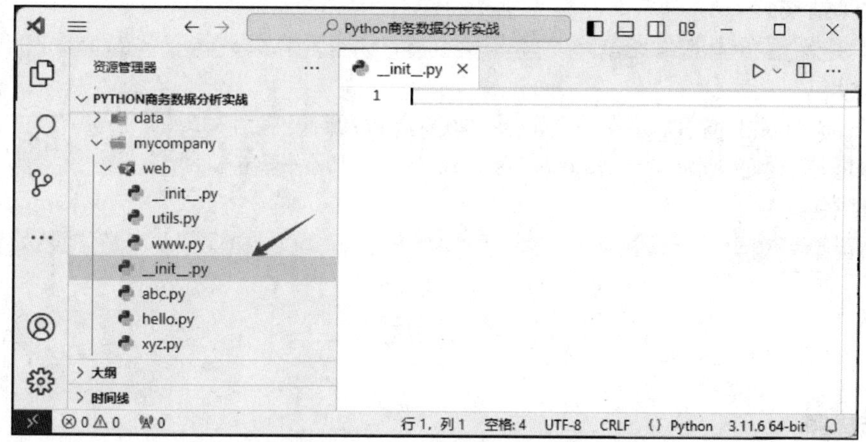

图 3-3 简单包结构

（2）复合包

复合包是在原来的文件夹中新增一些子文件夹，如图 3-4 所示。

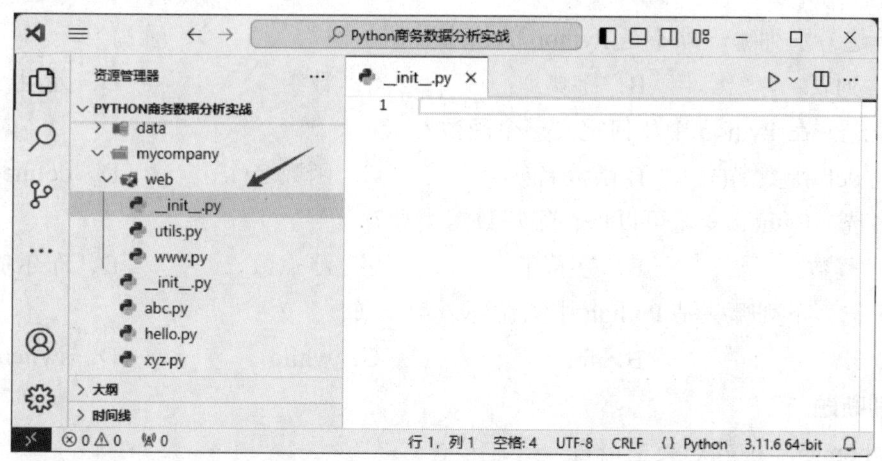

图 3-4 复合包结构

3.8.4 安装第三方模块

在命令行中使用 pip 命令（在 Python 中，pip 是一个用于包管理的工具），也可以在 Jupyter

Notebook 中加!调用命令行指令，如“! pip install pillow”。

（1）列出已安装的包

```
pip list
```

（2）查看可升级的包

```
pip list -o
```

（3）安装包

```
pip install SomePackage # 安装最新版本
pip install SomePackage==1.5.0 # 安装指定版本
```

（4）镜像站安装

```
pip install -i https://pypi.tuna.tsinghua.edu.cn/simple some-package
```

（5）升级包

```
pip install --upgrade SomePackage # 升级至最新版本
pip install --upgrade SomePackage==1.5.0 # 升级为指定版本
```

（6）卸载包

```
pip uninstall SomePackage
```

本章习题

一、选择题

1.（单选）以下 Python 代码的输出结果是什么？（　　）

```
a = 10
b = 20
print(a + b)
```

A．1020　　B．30　　C．a + b　　D．以上都不是

2.（单选）下列哪一项不是 Python 的核心数据结构？（　　）

A．列表　　B．字典　　C．数组　　D．元组

3.（单选）在 Python 中如何定义一个函数？（　　）

A．def 函数名():　　B.函数名{}　　C．函数名()　　D．define 函数名():

4.（多选）Python 变量可以保存哪些数据类型？（　　）

A．整数　　B．字符串　　C．浮点数　　D．布尔值

5.（多选）下列哪些是 Python 中的循环语句？（　　）

A．if　　B．for　　C．while　　D．switch

二、判断题

1．Python 是一种静态类型语言。（　　）

2．and、or、not 是 Python 中的逻辑运算符。（　　）

3．Python 函数可以返回多个值。（　　）

4．Python 有 switch-case 语句。（　　）

5．导入模块后可以使用其中的函数。（　　）

实 训

输入一个员工的基本工资和绩效评分，计算出实际工资，并输出“实际工资为×××元”。

一、实训目的

通过这个实训，读者将学会如何编写一个根据员工的基本工资和绩效评分计算实际工资的 Python 程序，掌握输入数据、条件判断和简单计算的基本操作，理解基本编程概念和程序逻辑。

二、实训步骤

步骤 1：获取员工基本工资和绩效评分。

使用 input()函数获取用户输入的员工基本工资和绩效评分。

步骤 2：计算实际工资。

根据输入的基本工资和绩效评分计算实际工资。假设绩效评分在 0 到 1 之间，实际工资为基本工资乘绩效评分。

步骤 3：输出结果。

使用 print()函数输出计算得到的实际工资。

步骤 4：运行程序。

将以上步骤的代码整合在一起，运行程序。在命令行终端中输入员工的基本工资和绩效评分，程序将计算实际工资并输出结果。

第二部分

数据分析基础知识

本部分重点介绍数据分析的基础知识，即数据处理、数据分析和数据可视化的基本方法和技巧。读者通过学习和掌握 NumPy、Pandas、Matplotlib 和 Seaborn 等工具的使用方法和技巧，可以为后续的数据分析工作打下坚实的基础。

第 4 章 NumPy 数据分析

NumPy 是利用 Python 进行科学计算的基础，其提供了强大的多维数组对象 ndarray。掌握 ndarray 的创建、索引、形状操作、广播机制等，可以高效处理数据。本章全面介绍 ndarray 的各种操作方法，包括创建、索引、形状修改、轴的应用等，通过具体案例详解 NumPy 的数组运算机制。读者熟练掌握 NumPy 数组运算，是使用 NumPy 进行数据处理的重要一环，能够为之后的数据分析奠定坚实的基础。

【学习目标】

- 掌握 NumPy 中的数组对象 ndarray 的创建方法。
- 了解 NumPy 中的数组数据类型。
- 掌握 NumPy 中的多维数组的表示方式。
- 掌握 NumPy 数组的索引方法，包括索引、切片索引、花式索引和布尔索引。
- 掌握 NumPy 数组元素值的修改和替换方法。
- 理解 NumPy 中的广播机制，并掌握其在数组运算中的应用。
- 掌握 NumPy 数组形状操作的相关方法。
- 熟练掌握 NumPy 中轴（axis）的概念，并能够在数组操作中准确指定轴，以区分列和行的操作。

4.1 NumPy 库简介

NumPy 是一个强大的数学库，为常见的数组和矩阵操作提供了优化的解决方案。在进行数值计算时，相较于原生 Python，NumPy 不仅能够提供更为简洁的代码，而且在性能上有显著提升。ndarray 在存取数据时，数据和数据地址都是连续的，能够进行高效的批量操作，性能远远优于原生 Python 中的列表为高效处理大规模数据集提供了强大的支持。

NumPy 的核心数据类型是 ndarray，这是一种快速而灵活的大数据容器，可处理一维、二维和多维数组。NumPy 采用 C 语言编写，成功解除了全局解释器锁（GIL）的限制。

此外，ndarray 提供了丰富的方法来处理数据，特别是在与统计相关的操作方面，这些方法都是原生 Python 的列表所不具备的。

4.2 NumPy 库安装与使用

在使用 NumPy 库前，需要通过 pip 命令安装 NumPy。在命令提示符窗口中执行命令 pip install numpy 即可轻松完成安装。安装完成后，可在代码中使用 import 命令引入 NumPy 库，代码如下。

```
import numpy as np
```

为了简化对 NumPy 库的调用，通常将其简化为 np。这样能确保我们顺利准备好 NumPy 库，并便于在后续的代码中对其进行调用。

4.3 创建数组对象

NumPy 中的数组对象是一种多维数组，称为 ndarray。它是由相同类型的元素组成的表格，可以通过索引访问。NumPy 数组的维度称为轴（axis），轴的数量称为秩（rank）。通常情况下，创建数组对象有以下 4 种方法。

（1）通过 np.array()创建数组

可以将商业数据转换成数组，以便进行统计分析和数据运算。

```
a = np.array([1,2,3,4]) # 传入列表
a    #输出 array([1, 2, 3, 4])
type(a)  #输出 numpy.ndarray
```

（2）通过 np.arange()创建数组

可以根据商业数据的范围创建定距数组，以生成统计分析所需的自变量。

```
b = np.arange(0,10,2) #创建范围为 0～10、步长为 2 的数组
b  #输出 array([0, 2, 4, 6, 8])
```

（3）通过 np.random.random()创建数组

可以生成随机数数组来模拟商业数据，进行数据分析算法的测试。

```
#np.random.random()创建一个多行多列的数组，其中的值是 0 到 1 之间的随机数
c = np.random.random((2,2)) #创建 2 行 2 列的数组
c
```

输出结果如下。

```
array([[0.22098921, 0.12727261],
       [0.04631855, 0.21257259]])
```

（4）通过特殊函数创建数组

通过特殊函数创建数组是在 Python 中用于快速生成具有特定形状和值的数组的方法。这些特殊函数包括 zeros()、ones()、full()和 eye()，它们能够方便地生成各种商业分析中所需的特殊数组。

```
#zeros()函数
array_zeros = np.zeros((3,3))  #3 行 3 列全零数组
array_zeros

#ones()函数
array_ones = np.ones((4,4))    #4 行 4 列全一数组
array_ones

#full()函数
array_full = np.full((2,3),9)  #值为 9 的 2 行 3 列数组
array_full

#eye()函数
array_eye = np.eye(4) #生成一个在对角线上元素为 1、其他元素都为 0 的 4 行 4 列矩阵
array_eye
```

输出结果如下。

```
array([[0., 0., 0.],
       [0., 0., 0.],
       [0., 0., 0.]])
array([[1., 1., 1., 1.],
       [1., 1., 1., 1.],
       [1., 1., 1., 1.],
       [1., 1., 1., 1.]])
array([[9, 9, 9],
       [9, 9, 9]])
array([[1., 0., 0., 0.],
       [0., 1., 0., 0.],
       [0., 0., 1., 0.],
       [0., 0., 0., 1.]])
```

4.4　数组数据类型

数组数据类型是指 NumPy 库中 ndarray 对象的元素的数据类型。ndarray 是 NumPy 库中的核心数据结构，用于表示多维数组。

4.4.1　数据类型

ndarray 对象中的元素可以是任意数据类型，包括布尔类型、整型、浮点型、复数型和字符串型等，如表 4-1 所示。

表 4-1　数据类型

数据类型	描述	唯一标识符
bool	用一个字节存储的布尔类型（True 或 False）	b
int8	8 位整数（-128～127）	i1
int16	16 位整数（-32768～32767）	i2

续表

数据类型	描述	唯一标识符
int32	32 位整数（-2147483648～2147483647）	i4
int64	64 位整数（-9223372036854775808～9223372036854775807）	i8
uint8	8 位无符号整数（0～255）	u1
uint16	16 位无符号整数（0～65535）	u2
uint32	32 位无符号整数（0～$2^{32}-1$）	u4
uint64	64 位无符号整数（0～$2^{64}-1$）	u8
float16	半精度浮点型：16 位，正负号 1 位，指数 5 位，精度 10 位	f2
float32	单精度浮点型：32 位，正负号 1 位，指数 8 位，精度 23 位	f4
float64	双精度浮点型：64 位，正负号 1 位，指数 11 位，精度 52 位	f8
complex64	双数，分别用两个 32 位浮点数表示实部和虚部	c8
complex128	复数，分别用两个 64 位浮点数表示实部和虚部	c16
string	字符串型	S

4.4.2 创建数组时指定数据类型

创建一个包含 5 个元素的一维数组 a，通过 dtype 指定数组的数据类型。可以根据商业数据的类型创建具有合适数据类型的数组，以优化数据存储。

```
a = np.array([1,2,3,4,5], dtype='i1') #使用 dtype 指定创建数组的数据类型
a   #输出 array([1, 2, 3, 4, 5], dtype=int8)
a = np.array([1,2,3,4,5], dtype='int32')
a   #输出 array([1, 2, 3, 4, 5])
```

4.4.3 查询数据类型

查询数据类型是指使用 NumPy 中的 dtype 属性来获取数组中元素的数据类型信息。定义一个 Person 类，它有两个属性 name 和 age，并且有一个构造函数__init__()用于初始化这两个属性。接下来，我们创建了两个 Person 对象“zs”和“ls”，分别表示“张三”和“李四”，并将它们存储在一个 NumPy 数组 d 中。由于 d 数组的元素是 Person 对象，因此它的数据类型为 object，表示任意 Python 对象。

```
class Person:    #定义 Person 类
  def __init__(self,name,age):
    self.name = name
    self.age = age

zs = Person('张三',18) #产生对象
ls = Person('李四',20)
d = np.array([zs,ls])
d
d.dtype #dtype 属性表示数组元素的数据类型
```

输出结果如下。

```
array([<__main__.Person object at 0x00000176CB4F2208>,
       <__main__.Person object at 0x00000176CB4F2288>], dtype=object)
dtype('O')
```

4.4.4 修改数据类型

修改数据类型是指使用 NumPy 库中的 astype()方法来改变数组中元素的数据类型。astype()方法可以将数组的元素转换为指定的数据类型，如整数、浮点型、字符串等，以满足具体的数据处理需求。

```
f = a.astype('f2') #使用 astype()改变数组的数据类型，指定唯一标识符
f.dtype   #输出 dtype('float16')
```

4.5 多维数组结构

多维数组结构主要涉及数组的维度查询、形状查询以及数据元素的数量和大小计算等操作。

4.5.1 数组维度查询

数组的维度可以通过 ndim 属性获取。ndim 属性返回一个整数，该整数表示数组的维度数量。

```
a1 = np.array([1,2,3])
a1.ndim   # ndim 返回一个数，该数表示数组的维度。维度为 1，输出 1
a2 = np.array([[1,2,3],[4,5,6]])
a2.ndim   # 维度为 2，输出 2
a3 = np.array([
    [
        [1,2,3],
        [4,5,6]
    ],
    [
    [7,8,9],
    [10,11,12]
    ]
])
a3.ndim  # 维度为 3，输出 3
```

4.5.2 数组形状查询

数组的形状，可以使用 shape 属性获取。shape 属性返回一个元组，该元组表示数组中各个维度上元素的数量，从而得到数组的形状。

```
a1 = np.array([1,2,3])
a1.shape     #输出 (3,)
a2 = np.array([[1,2,3],[4,5,6]])
a2.shape     #输出 (2,3)
a3 = np.array([
    [
```

```
        [1,2,3],
        [4,5,6]
    ],
    [
        [7,8,9],
        [10,11,12]
    ]
])
a3.shape     #输出 (2,2,3)
```

4.5.3 数组元素个数及大小

要获取数组中元素的总个数，可以使用 size 属性。size 属性返回一个整数，该整数表示数组中元素的总个数，相当于数组形状中各个维度上元素数量的乘积。而要获取数组中每个元素的大小，可以使用 itemsize 属性。itemsize 属性返回一个整数，该整数表示数组中每个元素的大小（以字节为单位）。

```
a1 = np.array([
    [
        [1,2,3],
        [4,5,6]
    ],
    [
        [7,8,9],
        [10,11,12]
    ]
])
count = a1.size         #数组的元素个数
count                   #输出 12
a1.itemsize             #各元素所占内存。输出 4
a1.dtype                #各元素数据类型。输出 dtype('int32')
a1.itemsize * a1.size #数组所占内存。输出 48
```

4.6 数组索引

类似于 Python 列表，NumPy 数组提供了多种索引方式来访问数组中的元素，包括下标索引、切片索引、花式索引和布尔索引等。这些索引方式允许用户灵活地获取数组中的元素，便于对数据进行处理和分析。

4.6.1 下标索引

下标索引是一种常见的数组索引方式，通过指定每个轴上的下标来访问数组中的元素。使用下标索引时，可以一次获取一个元素。

```
a = np.arange(6)
a
#一维数组用法和 Python 的列表对象一致
#支持从 0 开始递增的下标索引
```

```
#也支持从-1 开始递减的下标索引
a[2]
a[-2] #从后往前数第 2 个

#二维数组，提供两个下标
a = np.arange(9).reshape(3, -1)
a
#支持两种写法
#两个中括号，第一个为行的下标，第二个为列的下标
#一个中括号，两个下标用逗号分隔
a[0][1]
a[0,1]
```

输出结果如下。

```
array([0, 1, 2, 3, 4, 5])
2
4
array([[0, 1, 2],
       [3, 4, 5],
       [6, 7, 8]])
1
1
```

两个中括号的写法本质上是分成了两步：第一步根据第一个中括号中的下标提取对应的行，返回值为一个一维数组（即临时数组）；第二步对第一步提取出的一维数组进行索引。因为产生了临时数组，这种写法效率会低一些。

4.6.2 切片索引

切片索引是一种用于提取数组子集的索引方式，通过指定切片来获取数组中的连续元素，因此，通常适用于需要获取连续元素的情况。

```
a = np.arange(6)
a

#一维数组用法和 Python 的列表对象一致
a[1:5]
a[1:5:2]
a[::2]

a[::-1]

#二维数组
b = np.arange(9).reshape(3, -1)
b
b[1:3,1:2]
#一个冒号的简写表示提取全部的索引
#一个省略号的简写表示提取全部的索引
#提取第二行
b[1, :]
b[1, ...]
```

```
#提取第二列
b[:, 1]
```

输出结果如下。

```
array([0, 1, 2, 3, 4, 5])
array([1, 2, 3, 4])
array([1, 3])
array([0, 2, 4])
array([5, 4, 3, 2, 1, 0])
array([[0, 1, 2],
       [3, 4, 5],
       [6, 7, 8]])
array([[4],
       [7]])
array([3, 4, 5])
array([3, 4, 5])
array([1, 4, 7])
```

二维数组的切片不能用两个中括号的写法，因为切片的返回值和原始数组维度相同，第一步切片提取出来之后仍然是二维数组。

4.6.3 花式索引

4-1 花式索引

花式索引是一种用于提取数组子集的高级索引方式，它通过指定索引数组来获取数组中的元素。与切片索引不同，花式索引可以提取非连续的元素，允许用户根据指定的索引集合获取数组中的特定元素。

```
a = np.arange(6)
a
a[[1, 2, 5]]
#返回值总是和索引数组的维度相同
a[np.array([(0, 1, 3),(1, 4, 5)])]
a = np.arange(9).reshape(3, -1)
a
#根据索引数组中的下标提取对应的行
a[[1, 0]]
#一轴为索引数组，另一轴为下标索引
a[[0,2],1]
#两个轴同时为索引数组，需要使用 ix_()方法
#第一个数组中的元素为行对应的下标
#第二个数组中的元素为列对应的下标
a[np.ix_([0,1], [0,1])]
```

输出结果如下。

```
array([0, 1, 2, 3, 4, 5])
array([1, 2, 5])
array([[0, 1, 3],
       [1, 4, 5]])
array([[0, 1, 2],
       [3, 4, 5],
       [6, 7, 8]])
array([[3, 4, 5],
       [0, 1, 2]])
```

```
array([1, 7])
array([[0, 1],
       [3, 4]])
```

需要注意，利用花式索引从二维数组中提取单行或者单列的数据，会统一返回一维数组。这和切片索引不同，切片索引只是在原来的数组上生成新的视图（原始数组的映射，对新的视图所做的任何更改都会反映在原始数组上），而花式索引总是生成新的数组。

4.6.4 布尔索引

布尔索引是一种通过布尔数组来提取数组子集的索引方式。布尔数组中的 True 值对应的元素将被提取，而 False 值对应的元素将被排除。布尔索引允许用户根据指定条件来选择数组中的元素，因此，为用户提供了灵活的数据选择机制。

```
a = np.arange(6)
a
#一维数组
a > 3
a[a > 3]
a = np.arange(9).reshape(3, -1)
a
#二维数组
a > 3
a[a > 3]
```

输出结果如下。

```
array([0, 1, 2, 3, 4, 5])
array([False, False, False, False,  True,  True])
array([4, 5])
array([[0, 1, 2],
       [3, 4, 5],
       [6, 7, 8]])
array([[False, False, False],
       [False,  True,  True],
       [ True,  True,  True]])
array([4, 5, 6, 7, 8])
```

布尔索引的返回值也是新的数组，所以也要注意返回值的维度问题。

4.7 数组元素值的替换

在 NumPy 库中，可以通过多种方法灵活地替换数组中的元素值。这些替换方法包括直接通过索引替换元素值、使用条件索引提取满足特定条件的元素并进行替换操作，以及利用 where()函数根据条件进行替换等，使用户能够根据需要对数组中的元素进行灵活的修改。

4.7.1 利用索引替换

利用索引是一种简单直观的数组元素替换方式，通过直接指定索引下标来进行替换操作。这种方法适用于需要替换特定位置元素的情况，操作简便，便于理解。

```
import numpy as np

a3 = np.random.randint(0, 10, size=(3,5)) #创建数组元素为[0,10)范围内的随机数的 3 行 5 列数组
a3
a3[1] = 0                          #将 a3 数组第二行数据全部替换为 0
a3
a3[1] = np.array([1,2,3,4,5])  #将 a3 数组第二行数据替换为[1,2,3,4,5]，数据个数要一致
a3
```

输出结果如下（每次运行时，随机数值都会不一样）。

```
array([[9, 2, 7, 3, 1],
       [5, 3, 3, 6, 3],
       [3, 7, 5, 4, 0]])
array([[9, 2, 7, 3, 1],
       [0, 0, 0, 0, 0],
       [3, 7, 5, 4, 0]])
array([[9, 2, 7, 3, 1],
       [1, 2, 3, 4, 5],
       [3, 7, 5, 4, 0]])
```

4.7.2 利用条件索引替换

利用条件索引是一种高效的数组元素替换方式，它通过指定条件来提取数组中满足特定条件的元素，并对这些元素进行统一替换操作。这种方法适用于需要根据特定条件批量修改数组元素的情况，能够快速地实现数组的批量更新。

```
a3[a3 < 3] = 1    #数组中值小于 3 的元素全部替换为 1
a3
```

输出结果如下。

```
array([[9, 1, 7, 3, 1],
       [1, 1, 3, 4, 5],
       [3, 7, 5, 4, 1]])
```

4.7.3 利用 where()函数替换

利用 where()函数是一种灵活的条件判断替换方式，通过在一个操作中结合条件判断和替换操作，实现对数组元素的批量替换。where()函数能够根据条件判断来选择性地对数组中的元素进行替换，使得用户能够根据不同的条件实现不同的替换逻辑，具有较高的灵活性和扩展性。

```
result = np.where(a3<5, 0, 1)  #将 a3 数组中小于 5 的值替换为 0，剩余值替换为 1
result
```

输出结果如下。

```
array([[1, 0, 1, 0, 0],
       [0, 0, 0, 0, 1],
       [0, 1, 1, 0, 0]])
```

4.8 数组的广播机制

NumPy 库中的广播机制（Broadcasting）是一种处理不同形状数组之间的运算问题的机

制。广播机制允许在不改变数组维度的情况下，对形状不同但满足一定条件的数组进行运算，使得运算更加灵活和高效。通过广播机制，NumPy 库能够在进行运算时自动调整数组的形状，使其满足运算的要求。图 4-1 以可视化的方式展示了广播机制的过程，其中浅色的盒子表示广播机制的值。需要注意的是，虽然在可视化中显示了额外的内存空间，但在实际操作中，这些内存空间并没有被分配。

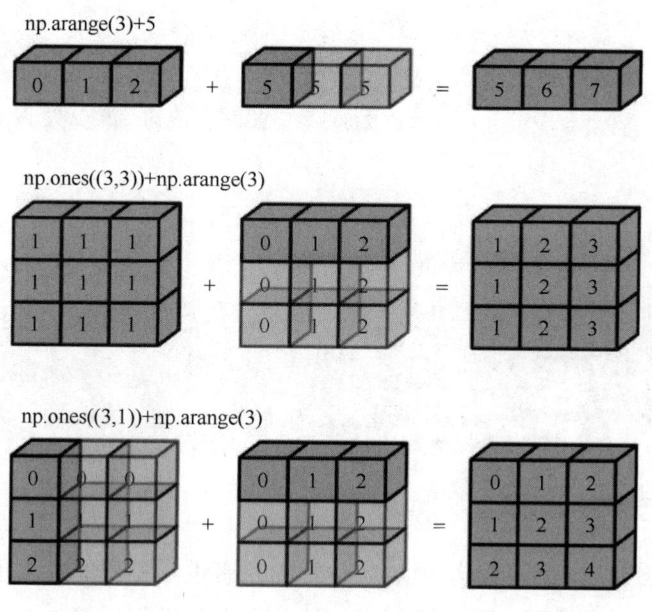

图 4-1　数组的广播机制

4.8.1　数组的广播原则

数组的广播原则指的是在进行数组运算时，NumPy 库会自动调整参与运算的数组的形状，使得它们能够进行逐元素的运算。如果两个数组的后缘维度（trailing dimension，即从末尾开始算起的维度）的轴长度相同或其中一项的长度为 1，则认为它们是广播兼容的，可以进行运算。在运算过程中，NumPy 库会在缺失和（或）长度为 1 的维度上进行广播，从而使得参与运算的数组具有相同的维度。

案例分析如下。

（1）形状（shape）为(3,8,2)的数组能和 shape 为(8,3)的数组进行运算吗？

分析：不能，因为按照广播原则，从后面往前面数，(3,8,2)和(8,3)中的 2 和 3 不相等，所以不能进行运算。

（2）shape 为(3,8,2)的数组能和 shape 为(8,1)的数组进行运算吗？

分析：能，因为按照数组的广播原则，从后面往前面数，(3,8,2)和(8,1)中的 2 和 1 虽然不相等，但因为这两项中有一项的长度为 1，所以能进行运算。

4.8.2 数组与数字运算

数组与数字运算是指对数组中的每个元素都进行相同的算术运算，这种运算方式使得在处理大规模数据时变得非常高效。无论是加法、减法、乘法、除法，还是其他数学运算，都可以直接应用于数组中所有元素，而无需手动编写循环来逐个处理数组中的元素。

```
a1 = np.random.randint(0, 5, size=(3,5))     #生成 3 行 5 列、值为 0～5 的随机整数的数组
a1
a1 = a1*2.345
a1                                    #对数组中的所有元素都乘以 2.345
a1.round(2)                           #round()函数使数组中所有的元素只保留两位小数
```

输出结果如下。

```
array([[0, 0, 4, 3, 2],
       [1, 0, 2, 0, 4],
       [2, 3, 1, 0, 1]])
array([[0.   , 0.   , 9.38 , 7.035, 4.69 ],
       [2.345, 0.   , 4.69 , 0.   , 9.38 ],
       [4.69 , 7.035, 2.345, 0.   , 2.345]])
array([[0.  , 0.  , 9.38, 7.04, 4.69],
       [2.35, 0.  , 4.69, 0.  , 9.38],
       [4.69, 7.04, 2.35, 0.  , 2.35]])
```

4.8.3 数组与数组运算

数组与数组运算是指对两个数组中对应位置的元素进行相同的算术运算。这种运算方式利用了数组的广播机制，从而实现在不同形状的数组之间进行运算，而不需要手动编写循环逐个处理数组中的元素。例如，可以对两个形状相同的数组进行加法、减法、乘法、除法等运算，也可以对不同形状但满足广播机制的数组进行相同的运算。

```
#数组形状相同时，各个元素相加减（满足数组的广播机制）
a1 = np.random.randint(0, 5, size=(3,5))
a2 = np.random.randint(0, 5, size=(3,5))
a1+a2

#形状不相同的数组不能相加减（不满足数组的广播机制）
a3 = np.random.randint(0, 5, size=(3,4))
# a1+a3 报错

#两个数组行数相同，其中一个数组列数为 1（满足数组的广播机制）
a4 = np.random.randint(0, 5, size=(3,1))
a1+a4

#两个数组列数相同，其中一个数组行数为 1(满足数组的广播机制)
a5 = np.random.randint(0, 5, size=(1,5))
a1+a5
```

输出结果如下。

```
array([[5, 4, 2, 3, 7],
       [7, 4, 4, 5, 3],
       [4, 5, 4, 1, 2]])
```

```
array([[3, 5, 3, 4, 6],
       [4, 3, 2, 3, 3],
       [3, 3, 1, 0, 0]])
array([[1, 3, 4, 3, 7],
       [3, 2, 4, 3, 5],
       [3, 3, 4, 1, 3]])
```

4.9 数组形状的操作

数组形状的操作主要涉及对数组进行形状的改变、实现数组的叠加和切割，以及执行矩阵的转置操作。

4.9.1 数组形状的改变

（1）reshape()与 resize()方法

reshape()和 resize()是 NumPy 库中用于调整数组形状的两种方法。reshape()方法会返回一个新的数组，该数组的元素与原数组相同，但元素的排列方式可能不同。而 resize()方法则直接修改原数组的形状，使其与指定的形状相匹配。

```
a1 = np.random.randint(0, 10, size=(3,4))
a1
a2 = a1.reshape((2, 6))    #reshape()将数组转换成指定的形状，返回转换的结果，原数组的形状不会发生改变
a2
a1.resize((4, 3))          #resize()将数组转换成指定的形状，会直接修改原数组，并且不会返回任何值
a1
```

输出结果如下。

```
array([[7, 3, 8, 1],
       [2, 6, 4, 1],
       [5, 0, 7, 3]])
array([[7, 3, 8, 1, 2, 6],
       [4, 1, 5, 0, 7, 3]])
array([[7, 3, 8],
       [1, 2, 6],
       [4, 1, 5],
       [0, 7, 3]])
```

（2）flatten()与 ravel()方法

flatten()和 ravel()都是将多维数组转换为一维数组的方法，但它们之间存在一些不同。flatten()方法会返回一个新的数组，该数组是原数组的拷贝，因此对 flatten 返回的数组的修改不会影响原数组。而 ravel()方法则返回原数组的视图（view），即对原数组进行一维展平后的结果，因此对 ravel()返回的数组的修改会影响原数组。

```
a3 = np.random.randint(0, 10, size=(3,4))
a3
a4 = a3.flatten()  #flatten()将数组转换为一维数组后返回，后续对返回值进行修改不会影响原数组
a4
a4[0] = 100
```

```
a3[0,0]              #原数组不受影响
a4[0]
a5 = a3.ravel()   #ravel()将数组转换为一维数组后返回相应视图（引用），后续对返回值进行修改会影响原数组
a5
a5[0] = 100
a3[0,0]              #原数组同时被更新了
a5[0]
```

输出结果如下。

```
array([[6, 9, 1, 6],
       [4, 9, 4, 8],
       [7, 0, 6, 0]])
array([6, 9, 1, 6, 4, 9, 4, 8, 7, 0, 6, 0])
6
100
array([6, 9, 1, 6, 4, 9, 4, 8, 7, 0, 6, 0])
100
100
```

4.9.2 数组的叠加

4-2 数组的叠加

（1）垂直方向叠加

在垂直方向上叠加数组的操作可以通过两种方式来实现：一种是使用vstack()方法；另一种是使用 concatenate()方法，可以手动指定 axis 参数来确定数组叠加的方向，其中 axis=0，代表在垂直方向叠加。在进行数组的垂直方向叠加时，需要确保待叠加的数组列数一致。

```
np.random.seed(42)           #设置随机数种子

v1 = np.random.randint(0, 10, size=(3,4))
v1
v2 = np.random.randint(0, 10, size=(2,4))
v2
v3 = np.vstack([v1, v2])  #垂直方向叠加数组的两种方式
v3
v4 = np.concatenate([v1,v2], axis=0)
v4
```

输出结果如下。

```
array([[6, 3, 7, 4],
       [6, 9, 2, 6],
       [7, 4, 3, 7]])
array([[7, 2, 5, 4],
       [1, 7, 5, 1]])
array([[6, 3, 7, 4],
       [6, 9, 2, 6],
       [7, 4, 3, 7],
       [7, 2, 5, 4],
       [1, 7, 5, 1]])
array([[6, 3, 7, 4],
```

```
       [6, 9, 2, 6],
       [7, 4, 3, 7],
       [7, 2, 5, 4],
       [1, 7, 5, 1]])
```

（2）水平方向叠加

在水平方向上的叠加数组的操作也可以通过两种方式来实现：一种是使用 hstack 方法；另一种是使用 concatenate 方法，同样可以手动指定 axis 参数来确定数组叠加的方向，其中 axis=1，代表在水平方向叠加。在进行数组的水平方向叠加时，需要确保待叠加的数组行数一致。

```
np.random.seed(42)          #设置随机数种子

h1 = np.random.randint(0, 10, size=(3,4))
h1
h2 = np.random.randint(0, 10, size=(3,1))
h2

h3 = np.hstack([h1, h2])  #水平方向叠加的两种方式
h3
h4 = np.concatenate([h1, h2], axis=1)
h4
```

输出结果如下。

```
array([[6, 3, 7, 4],
       [6, 9, 2, 6],
       [7, 4, 3, 7]])
array([[7],
       [2],
       [5]])
array([[6, 3, 7, 4, 7],
       [6, 9, 2, 6, 2],
       [7, 4, 3, 7, 5]])
array([[6, 3, 7, 4, 7],
       [6, 9, 2, 6, 2],
       [7, 4, 3, 7, 5]])
```

（3）先将数据转换成一维数组，再叠加

在使用 concatenate()方法进行数组拼接时，如果指定 axis 参数为 None，则表示首先将数据拉伸（flatten）转换成一维数组，然后再进行拼接操作。

```
np.random.seed(42)                          #设置随机数种子

h1 = np.random.randint(0, 10, size=(3,4))
h1
h2 = np.random.randint(0, 10, size=(3,1))
h2

h5 = np.concatenate([h1, h2], axis=None)    #如果 axis 为 None，则在使用前会将数组展平
h5
```

输出结果如下。

```
array([[6, 3, 7, 4],
```

```
      [6, 9, 2, 6],
      [7, 4, 3, 7]])
array([[7],
     [2],
     [5]])
array([6, 3, 7, 4, 6, 9, 2, 6, 7, 4, 3, 7, 7, 2, 5])
```

4.9.3 数组的切割

（1）水平方向切割

在进行数组切割时，可以使用 hsplit()方法在水平方向进行切割，即按列进行切割。hsplit()方法有两种切割方式：一种是直接指定切割成的列数，另一种是指定切割的下标值。

```
np.random.seed(42)      #设置随机数种子

hs1 = np.random.randint(0, 10, size=(3,4))
hs1
np.hsplit(hs1, 2)       #水平方向平均分为 2 份（要求列数可被此数整除）
np.hsplit(hs1, (1,2)) #水平方向分为 1、1、2 列（在下标为 1、2 处切割）
```

输出结果如下。

```
array([[6, 3, 7, 4],
       [6, 9, 2, 6],
       [7, 4, 3, 7]])
[array([[6, 3],
        [6, 9],
        [7, 4]]),
 array([[7, 4],
        [2, 6],
        [3, 7]])]
[array([[6],
        [6],
        [7]]),
 array([[3],
        [9],
        [4]]),
 array([[7, 4],
        [2, 6],
        [3, 7]])]
```

（2）垂直方向切割

进行数组切割时，可以使用 vsplit()方法在垂直方向进行切割，即按行进行切割。与 hsplit()方法类似，vsplit()方法也可以通过直接指定切割的行数或者指定切割的下标值进行切割。

```
np.random.seed(42)          #设置随机数种子

vs1 = np.random.randint(0, 10, size=(4,5))
vs1
np.vsplit(vs1, 4)           #垂直方向平均分为 4 份
np.vsplit(vs1, (1,3))       #垂直方向分为 1、2、1 行
```

输出结果如下。

```
array([[6, 3, 7, 4, 6],
       [9, 2, 6, 7, 4],
       [3, 7, 7, 2, 5],
       [4, 1, 7, 5, 1]])
[array([[6, 3, 7, 4, 6]]),
 array([[9, 2, 6, 7, 4]]),
 array([[3, 7, 7, 2, 5]]),
 array([[4, 1, 7, 5, 1]])]
[array([[6, 3, 7, 4, 6]]),
 array([[9, 2, 6, 7, 4],
        [3, 7, 7, 2, 5]]),
 array([[4, 1, 7, 5, 1]])]
```

（3）指定切割方式

进行数组切割时，可以使用 split()方法进行切割，其中，axis 参数用于指定按照行还是列进行切割：当 axis=1 时，表示按照列进行切割；当 axis=0 时，表示按照行进行切割。

```
hs1
np.split(hs1, 4, axis=1)  #按列切割
vs1
np.split(vs1, 4, axis=0)  #按行切割
```

输出结果如下。

```
array([[1, 2, 7, 9],
       [9, 7, 7, 8],
       [3, 1, 2, 6]])
[array([[1],
        [9],
        [3]]),
 array([[2],
        [7],
        [1]]),
 array([[7],
        [7],
        [2]]),
 array([[9],
        [8],
        [6]])]
array([[1, 3, 9, 3, 4],
       [4, 1, 6, 1, 2],
       [0, 3, 2, 3, 0],
       [2, 7, 9, 8, 0]])
[array([[1, 3, 9, 3, 4]]),
 array([[4, 1, 6, 1, 2]]),
 array([[0, 3, 2, 3, 0]]),
 array([[2, 7, 9, 8, 0]])]
```

4.9.4 矩阵的转置

（1）利用 ndarray.T

利用 ndarray.T 进行转置是一种简便的方式，它可以直接对数组进行转置操作，将数组的

行和列互换。

```
t1 = np.random.randint(0, 10, size=(3,4))
t1
t1.T                #转置矩阵 t1
t1.dot(t1.T)        #矩阵相乘
```

输出结果如下。

```
array([[1, 5, 9, 8],
      [0, 0, 6, 7],
      [2, 4, 1, 9]])
array([[1, 0, 2],
       [5, 0, 4],
       [9, 6, 1],
       [8, 7, 9]])
array([[171, 110, 103],
      [110,  85,  69],
      [103,  69, 102]])
```

（2）利用 ndarray.transpose()

利用 ndarray.transpose()进行转置是一种灵活的方式，它可以按照指定的轴顺序对数组进行转置操作，并返回一个数组的视图，而不是创建一个新的数组。

```
t2 = t1.transpose()
t2
t2[0,0] = 99     #修改会影响原数组
t1
```

输出结果如下。

```
array([[1, 0, 2],
       [5, 0, 4],
       [9, 6, 1],
       [8, 7, 9]])
array([[99,  5,  9,  8],
       [ 0,  0,  6,  7],
       [ 2,  4,  1,  9]])
```

4.10 数组的轴

4-3 数组的轴

在 NumPy 中，轴是指数组的特定维度，正确使用 axis 参数是进行各种数组操作的关键之一。

4.10.1 轴的应用

axis 参数用于指定在数组操作中沿着哪个维度进行操作，通常用于确定是按行还是按列进行操作。默认情况下，axis=0，表示沿着纵向（即列）进行操作，而 axis=1 表示沿着横向（即行）进行操作，如图 4-2 所示。

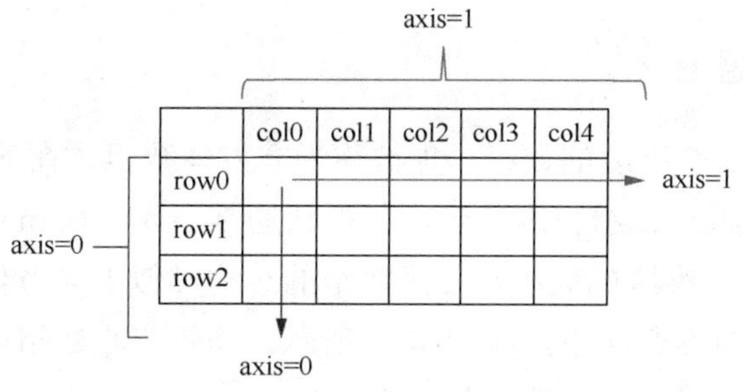

图 4-2　数组中的 axis

（1）求 x 数组在 axis=0 和 axis=1 两种情况下的和

```
x = np.array([[0,1],[2,3]])
x
x.sum(axis=0) #按照列，把每一行的值相加
x.sum(axis=1) #按照行，把每一列的值相加
```

输出结果如下。

```
array([[0, 1],
       [2, 3]])
array([2, 4])
array([1, 5])
```

（2）用 np.max()方法求在 axis=0 和 axis=1 两种情况下的最大值

```
np.random.seed(100) #设置随机数种子的函数，如果随机数种子相同，那么生成的随机数序列也是相同的。

x = np.random.randint(1, 10, size=(3,5))
x
x.max(axis=0)  #按照列，计算所有行中的最大值
x.max(axis=1)  #按照行，计算所有列中的最大值
```

输出结果如下。

```
array([[9, 9, 4, 8, 8],
       [1, 5, 3, 6, 3],
       [3, 3, 2, 1, 9]])
array([9, 9, 4, 8, 9])
array([9, 6, 9])
```

（3）用 np.delete()方法在 axis=0 和 axis=1 两种情况下删除元素

```
np.random.seed(100)

x = np.random.randint(1, 10, size=(3,5))
x
np.delete(x, 0, axis=0)    #0 表示删除的行号，axis=0 表示删除行
```

输出结果如下。

```
array([[9, 9, 4, 8, 8],
       [1, 5, 3, 6, 3],
       [3, 3, 2, 1, 9]])
array([[1, 5, 3, 6, 3],
       [3, 3, 2, 1, 9]])
```

4.10.2 三维数组

三维数组是指具有 3 个维度的数组，也被称为立方体数组。在 NumPy 库中，可以使用多维数组来表示三维数组，其形状通常表示为(n,m,p)，其中 n、m、p 分别表示 3 个维度的大小。三维数组的结构类似于立方体，可以想象为由多个二维数组堆叠而成，如图 4-3 所示。理解三维数组的结构对于处理复杂数据集和完成科学计算任务至关重要。

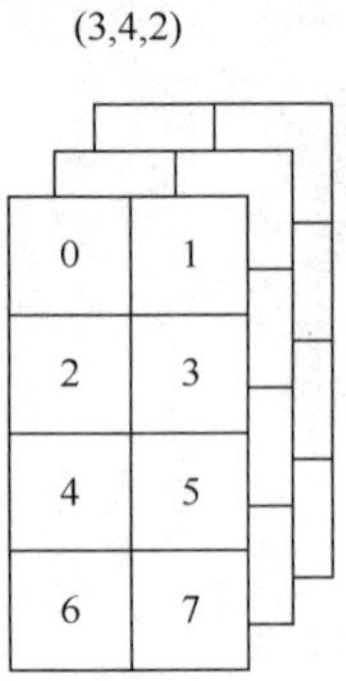

图 4-3 三维数组

```
y = np.arange(24).reshape(3, 4, 2)
y
y.max(axis=0) #沿着第一个维度（维度为 3 的轴）选出一个最大的二维数组
```

输出结果如下。

```
array([[[ 0,  1],
        [ 2,  3],
        [ 4,  5],
        [ 6,  7]],

       [[ 8,  9],
        [10, 11],
        [12, 13],
        [14, 15]],

       [[16, 17],
        [18, 19],
        [20, 21],
        [22, 23]]])
array([[16, 17],
       [18, 19],
       [20, 21],
       [22, 23]])
```

本章习题

一、选择题

1．（单选）在 NumPy 库中，如何创建一个全为 0 的数组？（　　）

A．np.zeros((3,3))　　B．np.ones((3,3))　　C．np.empty((3,3))　　D．np.eye(3)

2．（单选）在 NumPy 库中，如何计算两个数组的点积？（　　）

A．np.dot(a,b)　　B．a*b　　C．np.cross(a,b)　　D．np.add(a,b)

3．（单选）在 NumPy 库中，如何获取数组的形状？（　　）

A．a.shape　　B．a.ndim　　C．a.size　　D．a.dtype

4．（多选）在 NumPy 库中，以下哪些函数可以用于创建随机数组？（　　）

A．np.random.rand()　　B．np.random.randn()

C．np.random.randint()　　D．np.random.choice()

5．（多选）在 NumPy 库中，以下哪些函数可以用于对数组进行排序？（　　）

A．np.sort()　　B．np.argsort()　　C．np.partition()　　D．np.searchsorted()

二、判断题

1．NumPy 中的 ndarray 对象代表多维数组。（　　）

2．在 NumPy 数组中，负索引表示从末尾开始计数。（　　）

3．NumPy 中的广播机制允许对不同形状的数组进行运算。（　　）

4．NumPy 只支持数字类型数据，不支持字符串类型数据。（　　）

5．axis 参数用于指定数组运算的方向。（　　）

实　训

统计本月不同区域的销售额，求出各区域的销售总额。

一、实训目的

通过这个实训，读者将学会并掌握使用 NumPy 进行统计和分析商务数据的方法，掌握数组操作的方法。

二、实训步骤

步骤 1：导入 NumPy 模块。

导入 NumPy 模块。

步骤 2：创建销售额数组。

定义一个形状为(3,4)的二维数组，表示 3 个区域 4 个城市的销售额。

步骤 3：求每个区域的销售总额。

将每个区域的 4 个城市销售额相加，赋值给对应的第 3 行元素。

步骤 4：输出结果。

输出第 3 行元素，查看每个区域的销售总额。

第5章 Pandas数据分析

Pandas 是 Python 的核心数据分析库，提供了 Series、DataFrame 等数据结构，并支持 I/O（输入/输出）操作、数据清洗、分组、合并等操作。掌握 Pandas 可以实现对结构化数据的高效处理。本章全面介绍 Pandas 的安装使用、数据结构、I/O 操作、数据处理方法，以及时间序列分析等内容。通过详解知识点和分析案例，读者能系统地掌握 Pandas 的各项数据分析功能，为后续的数据探索和建模奠定基础。熟练使用 Pandas 是进行数据分析的重要前提。

【学习目标】

- 理解 Pandas 的核心数据结构 Series 和 DataFrame 的创建方法、属性和基本操作。
- 理解 Pandas 数据分析的基础操作。
- 理解 Pandas 中 DataFrame 常用操作方法。
- 掌握 Pandas 高级操作方法，包括替换、映射、apply()与 applymap()方法、排序抽样等。
- 掌握 Pandas 中的缺失值处理方法、groupby()分组方法等。
- 掌握 Pandas 中的数据合并方法、时间序列表示方法。
- 熟练掌握 Pandas 中的透视表和交叉表的用法，能够利用它们进行数据汇总和分析。

5.1 Pandas 简介

Pandas 是建立在 NumPy 数组基础上的数据处理库，因此支持许多 NumPy 函数。Pandas 不仅是一个扩展了 NumPy 的工具，而且为数据操作和处理（包括数据过滤、数据清洗、数据合并和重塑等）提供了丰富的函数和方法。

Pandas 引入了用于处理表格数据的高级数据结构，如 DataFrame 和 Series。其中，DataFrame 类似于电子表格，可以便捷地存储和操作二维数据。同时，Series 是处理一维数据的结构，两者共同为 Pandas 提供强大的数据处理能力。

Pandas 不仅能操作数据，还能导入和导出数据，并且能够轻松地读取、处理和分析多种数据格式文件，如 CSV 文件、Excel 文件、SQL 数据库等。其灵活性和强大的功能使 Pandas 成为 Python 数据科学生态系统中最受欢迎和广泛使用的库之一。

在实际应用中，Pandas 对大数据分析尤为重要。相较于我们日常使用的数据处理软件（如 Excel），Pandas 的功能强大得多，为数据科学家和分析师提供了更为高效、灵活的数据处理工具。

5.2 Pandas 库安装与使用

在使用 Pandas 库之前，需要通过 pip 命令安装 Pandas 库。通过在命令提示符窗口执行简单的命令 pip install pandas，即可轻松完成 Pandas 库的安装。安装完成后，在代码中使用 import 命令引入 NumPy 和 Pandas 库，代码如下。

```
import numpy as np
import pandas as pd
import random
import xlrd  #需要安装旧版 xlrd 以支持.xlsx 文件，安装步骤：pip uninstall xlrd; pip install
xlrd==1.2.0
```

通常在调用 Pandas 库时，我们习惯性地将其简化为“pd”，这样可以使代码更加简洁，且符合 Pandas 库的使用惯例。

5.3 Pandas 数据结构

Pandas 主要包含两种核心数据结构：Series 和 DataFrame。Series 类似于一维数组或列表，而 DataFrame 则类似于二维表格，如 Excel 中的数据表。

5.3.1 Series

Series（系列、数列或序列）是一种带有标签的一维数组，由一组标签和一组数据值（value）组成。其中标签与数据值之间是一一对应的关系，如图 5-1 所示。

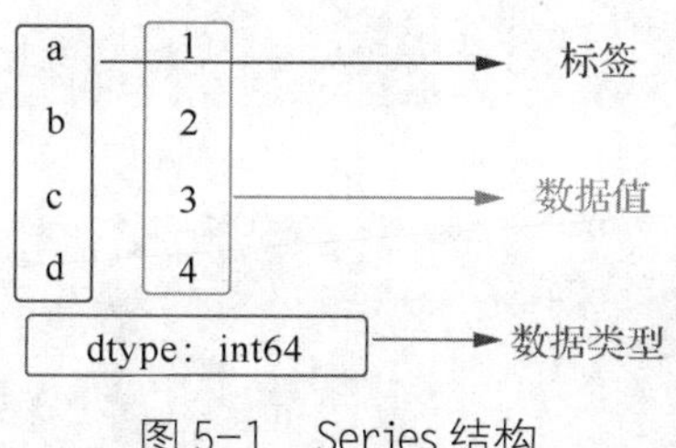

图 5-1　Series 结构

（1）创建 Series 对象

Series 对象可通过不同的数据结构来构建，如列表、元组、字典、NumPy 数组和标量等。这些数据结构提供了灵活的方式来初始化 Series 对象，并为数据分析提供了丰富的选择。

① 通过列表创建 Series 对象

通过列表创建 Series 对象是一种常见且简单的方法。在这种方法中，列表中的元素将成为 Series 对象的数据值，而 Series 对象的索引则默认为整数索引。

```
list1 = [11, 22, 33, 44]
data1 = pd.Series(list1)
data1
```

输出结果如下。

```
0    11
1    22
2    33
3    44
dtype: int64
```

标签在左边，数据值在右边。标签默认从 0 到 N-1（N 为数据长度）。

② 通过元组创建 Series 对象

通过元组创建 Series 对象是一种常见的方法，与通过列表创建的方法类似。在这种方法中，元组中的元素将成为 Series 对象的数据值，而 Series 对象的索引默认为整数索引。

```
tuple1 = (1, 2, 3, 4, 5, 6)
data2 = pd.Series(tuple1)
data2
```

输出结果如下。

```
0    1
1    2
2    3
3    4
4    5
5    6
dtype: int64
```

③ 通过字典创建 Series 对象

通过字典创建 Series 对象是一种常见的方法，它允许我们将字典的键作为索引，字典的值作为 Series 对象的数据值。

```
dic1 = {'a': 3.2, 'b': 7.6, 'c': 12.11, 'd': 0}
data3 = pd.Series(dic1)
data3
```

输出结果如下。

```
a     3.20
b     7.60
c    12.11
d     0.00
dtype: float64
```

④ 通过 NumPy 数组创建 Series 对象

通过 NumPy 数组创建 Series 对象是一种常见的方法，它允许我们利用 NumPy 数组的数据来创建 Series 对象，并可以指定索引。

```
num = np.random.randn(4)         #创建一个随机数组
```

```
index = ['a', 'b', 'c', 'd']  #直接赋值标签
data4 = pd.Series(num, index)
data4
```

输出结果如下。

```
a   -1.774755
b   -0.947428
c    1.511671
d   -0.062458
dtype: float64
```

⑤ 通过标量创建 Series 对象

通过标量创建 Series 对象意味着使用一个单独的数值来填充整个 Series 对象。该标量会被广播到指定长度或索引上，从而创建一个 Series 对象。

```
s = pd.Series(7)
s
s = pd.Series(7, ['a', 'b', 'c', 'd', 'e'])
s
```

输出结果如下。

```
0    7
dtype: int64
a    7
b    7
c    7
d    7
e    7
dtype: int64
```

当没有给定 index 参数时，Series 对象仅有 1 个数据元素；当给定 index 参数时，Series 对象的数据元素数量与 index 参数的数据元素数量相同，且每个数据元素都是该标量。

（2）Series 常用属性

Series 对象具有多个常用属性，用于获取关于该 Series 的信息，如表 5-1 所示。

表 5-1 Series 常用属性

属性	说明
axes	以列表的形式返回所有标签
dtype	返回 Series 对象中元素的数据类型
empty	判断 Series 对象是否为空，返回布尔值
ndim	返回 Series 对象的维度
shape	返回 Series 对象的形状
size	返回 Series 对象中元素的数量
values	以 ndarray 的形式返回 Series 对象数据值
index	返回 Index 对象，用来描述标签的取值范围

常用属性示例如下。

```
s = pd.Series([1, 2, 3, 4], index=['a', 'b', 'c', 'd'])
s.axes
s.dtype
```

```
s.empty
s.ndim
s.shape
s.size
s.values
s.index
```

输出结果如下。

```
[Index(['a', 'b', 'c', 'd'], dtype='object')]
dtype('int64')
False
1
(4,)
4
array([1, 2, 3, 4], dtype=int64)
Index(['a', 'b', 'c', 'd'], dtype='object')
```

5.3.2 DataFrame

DataFrame 是一种表格型的数据结构，既有行标签（行索引 index），又有列标签（列索引 columns），它也被称为异构数据表。其中异构指的是表格中每列数据的数据类型可以不同，可以是字符串、整型或者浮点型等，如图 5-2 所示。

列标签

行标签

	姓名	性别	班级	身高
0	王二	女性	1	161
1	张三	女性	2	160
2	李四	男性	1	180
3	王五	男性	1	161
4	赵六	男性	2	170

图 5-2　DataFrame 结构

（1）创建 DataFrame 对象

① 通过 NumPy 数组创建 DataFrame 对象

通过 Numpy 数组创建 DataFrame 对象是一种常见的方式，它可以将一个或多个 Numpy 数组转换为 DataFrame。在这种方法中，Numpy 数组的维度和形状将直接映射到 DataFrame 的行和列。

```
date = pd.date_range('today', periods=4) #得到包括今天在内的 4 个连续日期
num = np.random.randn(4, 3)
df1 = pd.DataFrame(num, index=date, columns=['A','B','C'])
df1
```

输出结果如下。

	A	B	C
2023-08-11 22:16:35.378974	-1.276497	0.713019	0.104207
2023-08-12 22:16:35.378974	0.042813	0.376726	1.087068
2023-08-13 22:16:35.378974	0.842236	-0.258139	-0.423782
2023-08-14 22:16:35.378974	-0.014786	1.574298	-0.334173

其中，首先定义一个时间序列作为行标签，再传入 NumPy 随机数组，构建列表['A','B','C']作为列标签。

② 通过字典创建 DataFrame 对象

通过字典创建 DataFrame 对象是一种常见的方式，它可以将一个或多个字典转换为 DataFrame。在这种方法中，字典的键将被用作 DataFrame 的列标签，而字典的值将被用作 DataFrame 的数据。

```
dict = {
    'name': ['张三', '李四', '王五'],
    'age': [22, 18, 30],
    'gender': ['girl', 'girl', 'boy']
}
df2 = pd.DataFrame(dict)
df2
```

输出结果如下。

	name	age	gender
0	张三	22	girl
1	李四	18	girl
2	王五	30	boy

DataFrame 会自动加上标签（与 Series 一样），且全部列会有序排列，其中字典的键即列标签（columns）。如果指定了列的名称顺序，则 DataFrame 的列就会按照指定顺序进行排列。

```
df3 = pd.DataFrame(dict, columns=['age', 'name', 'gender', 'hometown'])
df3
```

输出结果如下。

	age	name	gender	hometown
0	22	张三	girl	NaN
1	18	李四	girl	NaN
2	30	王五	boy	NaN

如果传入的列标签在数据中找不到，就会产生 NaN 值。

③ 通过 CSV 文件创建 DataFrame 对象

通过 CSV 文件创建 DataFrame 对象是一种常见的方式，它可以将 CSV 文件中的数据读取并转换为 DataFrame。CSV 文件是一种以逗号作为分隔值（Comma-Separated Values）的文件，其中，每行表示数据的一条记录，每个字段之间用逗号或其他分隔符隔开。可以通过 Pandas 模块的 read_csv()函数来读取 CSV 文件。

```
df3 = pd.read_csv('data/北京积分落户数据.csv', index_col='id')  #index_col 表示用作行标签（索引）的列
df3
```

输出结果如下。

	name	birthday	company	score
id				
1	杨三	1972-12	北京××××电气技术有限公司	122.59
2	纪四	1974-12	北京×××数据股份有限公司	121.25

3	王五	1974-05	品牌×××××咨询股份公司	118.96
4	杨六	1975-07	×××专利商标代理有限责任公司	118.21
5	张七	1974-11	××××××云计算技术有限公司	117.79
...	...	...	...	...
6015	孙九	1978-08	×××海洋网络有限公司北京科技分公司	90.75
6016	刘七	1976-11	××××流体设备有限公司北京分公司	90.75
6017	周一	1977-10	××××（中国）投资有限公司	90.75
6018	赵二	1979-07	×××××（北京）有限公司	90.75
6019	贺三	1981-06	北京××××技术有限公司	90.75

④ 通过 Excel 文件创建 DataFrame 对象

通过 Excel 文件创建 DataFrame 对象是一种常见的方式，它可以将 Excel 文件中的数据读取并转换为 DataFrame。Excel 文件是一种电子表格文件，其中包含多个工作表，每个工作表由行和列组成，每个单元格中可以包含数据。

可以通过 Pandas 模块的 read_excel()函数来读取 Excel 文件。该函数与 read_csv()函数非常相似，多了一个 sheet_name 参数用来指定数据表的名称，但是没有 sep 或 delimiter 这样的参数。下面的代码中，lambda 函数作为参数在每一行上执行。lambda 函数接收一个参数 x，表示行的标签。通过使用条件语句和 random.random()函数，它将返回 True 或 False，以决定是否跳过该行。跳过的行是指行标签大于 0 并且 random.random()函数生成的随机数大于 0.1 的行。换句话说，它以大约 90%的概率跳过行，只有大约 10%的概率保留行。

```
df4 = pd.read_excel(
    io='data/某药店 2018 年销售数据.xlsx',
    usecols=['购药时间', '社保卡号', '商品名称', '销售数量', '应收金额', '实收金额'], #需要加载的列，可以使用序号或者列名
    skiprows=lambda x: x > 0 and random.random() > 0.1  #skiprows：通过行号、标签或函数指定需要跳过的行
)
df4
```

输出结果如下。

	购药时间	社保卡号	商品名称	销售数量	应收金额	实收金额
0	2018-01-02 星期六	1616×××	清热解毒口服液	1	28.0	24.64
1	2018-03-05 星期六	102285×××	三九感冒灵	3	84.0	84.00
2	2018-03-29 星期二	13189×××	清热解毒口服液	1	28.0	28.00
3	2018-05-05 星期四	10070343×××	清热解毒口服液	2	56.0	49.28
4	2018-05-21 星期六	102475×××	清热解毒口服液	1	28.0	28.00
...	...	...	...	...	...	...
584	2018-02-07 星期日	102299×××	开博通	20	560.0	554.00
585	2018-03-28 星期一	103924×××	开博通	2	56.0	50.00
586	2018-04-10 星期日	10039801×××	开博通	2	56.0	50.00
587	2018-04-18 星期一	10018771×××	高特灵	1	5.6	4.93
588	2018-04-27 星期三	13406×××	高特灵	1	5.6	5.00

（2）DataFrame 常用属性和方法

DataFrame 是 Pandas 中最常用的数据结构之一，具有丰富的属性和方法，用于对数据进行操作和分析，如表 5-2 所示。

表 5-2　DataFrame 常用属性和方法

属性和方法	说明
T	矩阵行和列互换
axes()	返回一个以行索引和列标签组成的列表
dtypes()	返回每列数据的数据类型
empty()	DataFrame 对象中没有数据或者任意轴的长度为 0，则返回 True
ndim()	返回轴的数量，即数组的维度
shape()	返回一个元组，表示 DataFrame 对象的形状
size()	返回 DataFrame 对象中元素的数量
values()	使用 NumPy 数组表示 DataFrame 对象中元素的值
head()	返回前指定行数（默认值为 5）的数据
tail()	返回后指定行数（默认值为 5）的数据
shift()	将行或列移动指定的步长（默认值为 1）

DataFrame 常用属性和方法示例如下。

```
df = pd.DataFrame({'姓名' :['王二', '张三'],
                   '性别':['女性', '女性'],
                   '班级':[1, 2],
                   '身高':[161, 160]})

df.T
df.axes
df.dtypes
df.empty
df.ndim
df.shape
df.size
df.values
df.head()   #默认返回前 5 行数据
df.tail()   #默认返回后 5 行数据
df.shift()  #默认值是 1，表示移动一次。注意这里移动的都是数据，而标签是不移动的，移动之后没有对应值的就赋值 NaN
```

输出结果如下。

	0	1
姓名	王二	张三
性别	女性	女性
班级	1	2
身高	161	160

```
[RangeIndex(start=0, stop=2, step=1),
 Index(['姓名', '性别', '班级', '身高'], dtype='object')]
姓名    object
```

```
性别    object
班级     int64
身高     int64
dtype: object
False
2
(2, 4)
8
array([['王二', '女性', 1, 161],
       ['张三', '女性', 2, 160]], dtype=object)
```

	姓名	性别	班级	身高
0	王二	女性	1	161
1	张三	女性	2	160

	姓名	性别	班级	身高
0	王二	女性	1	161
1	张三	女性	2	160

	姓名	性别	班级	身高
0	None	None	NaN	NaN
1	王二	女性	1.0	161.0

5.4 Pandas 数据分析基础

Pandas 数据分析基础涵盖数据读取与保存、信息查询、数据选择、位置计算以及统计计算等关键内容，掌握这些内容后可以更加灵活地处理和分析数据，从而深入挖掘数据背后的信息。

5.4.1 数据读取与保存

将数据加载到 DataFrame 后，就可以使用 DataFrame 对象的属性和方法对数据进行操作。Pandas 几乎支持市面上所有的主流数据存储形式，读取和写入函数如表 5-3 所示。

表 5-3　读取和写入函数

形式	文件格式	读取函数	写入函数
text	.xlsx、.xls	read_excel()	to_excel()
text	.csv	read_csv()、read_table()	to_csv()
text	.json	read_json()	to_json()
text	.html	read_html()	to_html()
text	剪贴板中的文本	read_clipboard()	to_clipboard()
text	SQL 数据库中的数据	read_sql()	to_sql()
text	.md		to_markdown()

（1）数据读取

数据读取是在数据分析和处理中常见的操作之一，通过 Pandas 库中的 read_csv()和

read_excel()等函数可以方便地从文件或者网络中读取数据。一般的语法格式如下所示：

```
pd.read_csv('my_file.csv', sep=;, encoding=utf-8, nrows=1000, skiprows=[2,5])
```

其中，sep=;表示分隔符为“;”，encoding=utf-8 表示编码为 UTF-8，nrows=1000 表示读取前 1000 行数据，skiprows=[2,5]表示在读取文件的时候会移除第 2 行和第 5 行。由于数据集保存在 Excel 文件中，因此需要安装依赖库 openpyxl（命令为 pip install openpyxl）才能让 Pandas 读取 Excel 文件。

```
df1 =pd.read_excel('data/互联网公司股票.xlsx')        #读取指定目录中的 Excel 文件，默认读取第一个工作表
df2 = pd.read_csv('data/北京积分落户数据.csv')       #读取指定目录中的 CSV 文件
df3 = pd.read_csv('https://www.gairuo.com/file/data/dataset/GDP-China.csv')  #使用 URL
```

（2）数据保存

数据保存是在数据分析和处理中常见的操作之一，通过 DataFrame 对象的 to_excel()和 to_csv()等函数可以方便地将数据保存到 Excel 文件或者 CSV 文件中。一般的语法格式如下所示：

```
df1.to_excel('data/股票数据.xlsx')  #保存为 Excel 文件，可以指定文件路径
df2.to_csv('data/落户数据.csv', index=None)     #保存为 CSV 文件，可以指定文件路径
```

index=None 表示将会以数据本来的样子保存。如果没有 index=None，数据会多出一列，内容是 1,2,3,…，一直到最后一行。

5.4.2 数据的信息

在数据分析中，对获得的数据集进行初步验证是非常重要的。通过检查数据集的行名、列名是否一致，数据量是否有缺失，以及各列的数据类型等信息，可以帮助我们全面了解数据的结构和特征。这些数据信息有助于我们进行后续的数据处理和分析工作。

（1）查看样本

通过查看样本可以初步了解数据集的内容和结构。在 Pandas 中，我们可以使用 head()方法查看数据集的前几行，默认为前 5 行；使用 tail()方法查看数据集的最后几行，默认为后 5 行；使用 sample()方法随机抽取几行数据作为样本查看。这些方法可以帮助我们快速了解数据集的整体情况，以便进行后续的数据分析和处理。

```
df = pd.read_excel('data/互联网公司股票.xlsx')
df.head(2)   #查看前两行数据
df.tail(2)   #查看后两行数据
df.sample(2) #随机查看两行数据
```

输出结果如下。

	日期	公司	收盘	开盘	高	低	交易量	涨跌幅
0	2019-10-10	BIDU	103.85	100.79	104.74	100.26	3.56	0.04
1	2019-10-09	BIDU	99.90	100.29	100.63	98.55	3.41	0.00

	日期	公司	收盘	开盘	高	低	交易量	涨跌幅
30	2019-10-02	JD	28.06	28.00	28.22	27.53	9.53	0.0
31	2019-10-01	JD	28.19	28.22	28.57	27.97	10.64	0.0

	日期	公司	收盘	开盘	高	低	交易量	涨跌幅
0	2019-10-10	BIDU	103.85	100.79	104.74	100.26	3.56	0.04
20	2019-10-04	IQ	16.39	16.12	16.90	16.10	7.23	0.02

（2）数据形状

在 Pandas 中，我们使用 shape 属性获取数据集的形状信息，返回一个元组，其中第一个元素表示数据集的行数，第二个元素表示数据集的列数。

```
df.shape    #共 32 行 8 列（不算标签）。输出 (32, 8)
df['日期'].shape  #df['日期']为 Series。输出 (32,)
```

（3）基础信息

在 Pandas 中，我们可以使用 info()方法获取数据集的基础信息。包括数据类型、索引情况、行列数、各字段数据类型和内存占用等。

```
df.info(verbose=True)  #显示整体的数据类型、索引情况、行列数、各字段数据类型、内存占用等。Series
不支持。参数 verbose 用于控制输出的详细程度
```

输出结果如下。

```
<class 'pandas.core.frame.DataFrame'>
RangeIndex: 32 entries, 0 to 31
Data columns (total 8 columns):
 #   Column  Non-Null Count  Dtype
---  ------  --------------  -----
 0   日期      32 non-null     object
 1   公司      32 non-null     object
 2   收盘      32 non-null     float64
 3   开盘      32 non-null     float64
 4   高       32 non-null     float64
 5   低       32 non-null     float64
 6   交易量     32 non-null     float64
 7   涨跌幅     32 non-null     float64
dtypes: float64(6), object(2)
memory usage: 2.1+ KB
```

（4）数据类型

在 Pandas 中，我们可以使用 dtypes 属性来获取每个字段的数据类型，以及 DataFrame 整体的数据类型。dtypes 返回的是一个 Series 对象，其中索引是 DataFrame 的列名，值是对应列的数据类型。

```
df.dtypes  #返回每个字段的数据类型，以及 DataFrame 对象整体的数据类型
```

输出结果如下。

```
日期      object
公司      object
收盘     float64
开盘     float64
高      float64
低      float64
交易量    float64
涨跌幅    float64
dtype: object
```

（5）行索引、列标签

在 Pandas 中，我们可以使用 axes 属性来获取 DataFrame 的行索引和列标签的内容。axes 返回一个列表，其中包含行索引和列标签的内容。

```
df.axes   #返回行索引和列标签组成的列表[行索引,列标签]
```

输出结果如下。

```
[RangeIndex(start=0, stop=32, step=1),
 Index(['日期', '公司', '收盘', '开盘', '高', '低', '交易量', '涨跌幅'], dtype='object')]
```

5.4.3　数据选择

在 Pandas 中，可以使用多种方法进行数据选择，包括按列选择、按标签索引选择行、按数字索引选择行、使用切片选择行以及使用表达式筛选行等。

数据选择语法如表 5-4 所示。

表 5-4　数据选择语法

语法	说明
df[col]	按列选择
df.loc[label]	按标签索引选择行
df.iloc[col]	按数字索引选择行
df[0:5]	使用切片选择行
df[bool_vec]	使用表达式筛选行

语法示例如下。

```
df = pd.read_excel('data/互联网公司股票.xlsx')
df['日期']                #‘日期’列
df.loc[2]                 #标签为 2 的行
df.iloc[0]                #标签索引为 0 的行
df[0:3]                   #使用切片选择行，输出前 3 行
df[df['公司']=='JD']      #先选取名称为 JD 的公司，然后据此布尔表达式选择行。
```

5.4.4　位置计算

（1）位置移动 shift()方法

使用 shift()方法可以将数据整体按指定的步数向上、向下、向左或向右移动，未移动到数据的位置填充 NaN 值。

```
df.head(3).shift(2)            #取出前 3 行，然后整体下移两行，上面的两行为 NaN
df.head(3).shift(-1)           #整体上移一行，最下面的一行为 NaN
df.head(3).shift(3, axis=1)    #向右移动 3 位，axis=1 表示沿横向
```

输出结果如下。

	日期	公司	收盘	开盘	高	低	交易量	涨跌幅
0	None	None	NaN	NaN	NaN	NaN	NaN	NaN
1	None	None	NaN	NaN	NaN	NaN	NaN	NaN
2	2019-10-10	BIDU	103.85	100.79	104.74	100.26	3.56	0.04

	日期	公司	收盘	开盘	高	低	交易量	涨跌幅
0	2019-10-09	BIDU	99.90	100.29	100.63	98.55	3.41	0.00
1	2019-10-08	BIDU	99.53	99.50	100.56	98.20	4.43	-0.02
2	None	None	NaN	NaN	NaN	NaN	NaN	NaN

	日期	公司	收盘	开盘	高	低	交易量	涨跌幅
0	None	None	None	2019-10-10	BIDU	103.85	100.79	104.74
1	None	None	None	2019-10-09	BIDU	99.90	100.29	100.63
2	None	None	None	2019-10-08	BIDU	99.53	99.50	100.56

（2）位置差值 diff()函数

通过调用 diff()函数，可以得到后一行（或列）数据减去前一行（或列）数据的差值。这对于计算时间序列数据的变化、增减量等指标非常有用。

```
df_diff = pd.DataFrame([3.56,3.41,4.43,3.40,1.69],columns=['交易量'])
df_diff['交易量_diff']=df_diff['交易量'].diff()
df_diff
```

输出结果如下。

	交易量	交易量_diff
0	3.56	NaN
1	3.41	-0.15
2	4.43	1.02
3	3.40	-1.03
4	1.69	-1.71

（3）位置序号 rank()函数

rank()函数用于计算数据在数组中的排名。默认情况下，它会将相同数值的数据视为具有相同的排名，并且在计算排名时会采用平均排名的方式。具体来说，如果有多个相同数值的数据，则它们的排名将是这些数值对应的排名的平均值。rank()函数返回的结果是从 1 开始的排名，排名越高表示数值越大。

```
df_rank = pd.DataFrame([3.56,3.41,4.43,3.41,1.69],columns=['交易量'])
df_rank['交易量_rank'] = df_rank.rank()  #默认使用平均值作为重复值的排名，即若有两个重复值排名是 2 和 3，那么这两个值的排名都是(2+3)/2=2.5
df_rank
```

输出结果如下。

	交易量	交易量_rank
0	3.56	4.0
1	3.41	2.5
2	4.43	5.0
3	3.41	2.5
4	1.69	1.0

5.4.5 统计计算

统计计算是指利用 Pandas 对 Series 和 DataFrame 进行各种描述性统计分析的过程。这些统计计算包括常见的统计指标，如求和、平均值、最大值、最小值、方差、标准差、中位数，及四分位数等。

（1）描述统计

描述统计是指通过调用 DataFrame 的 describe()方法，生成关于 DataFrame 中所有数字列的统计信息摘要。描述统计信息包括总数、平均值、标准差、最小值、25th（第一四分位数）、50th（中位数）、75th（第三四分位数）、最大值等。

```
df.describe()  #返回一个有多行的、包含所有数值列的统计表，每一行对应一个统计指标，有总数、平均值、标准差、最小值、四分位数、最大值等
```

输出结果如下。

	收盘	开盘	高	低	交易量	涨跌幅
count	32.000000	32.000000	32.000000	32.000000	32.000000	32.000000
mean	78.293750	78.137812	79.226562	77.085312	7.852188	0.000625
std	61.685976	61.613817	62.385344	60.843348	3.800997	0.019166
min	15.690000	15.710000	15.870000	15.120000	1.690000	-0.040000
25%	24.895000	25.072500	25.390000	24.672500	4.340000	-0.010000
50%	64.260000	64.190000	64.980000	63.425000	8.330000	0.000000
75%	118.835000	118.577500	120.130000	117.887500	10.777500	0.012500
max	170.340000	169.600000	172.300000	167.560000	15.940000	0.040000

（2）统计函数

统计函数在数据分析中起着至关重要的作用，其中包括协方差和相关系数等。这些函数能够帮助我们理解数据之间的关系，从而进行更深入的分析和推断。

- 协方差（Covariance）：协方差是衡量两个变量之间线性关系的方向的统计量，其取值范围为（-∞, +∞）。协方差为正值，表示两个变量正相关，即一个变量增大，另一个变量也增大；协方差为负值，表示两个变量负相关，即一个变量增大，另一个变量减小；协方差为0，表示两个变量无线性关系。
- 相关系数（Correlation Coefficient）：相关系数是衡量两个变量之间线性关系强度和方向的统计量，其取值范围为[-1, 1]。相关系数为 1 表示完全正相关，为-1 表示完全负相关，为 0 表示无线性关系。相关系数的绝对值越接近 1，表示线性关系越显著，即相关性越强。

① 计算所有变量之间的协方差

在 Pandas 中，可以使用.cov()方法来计算 DataFrame 中所有数值列之间的协方差。这将返回一个协方差矩阵，其中每个元素代表对应两个变量（列）之间的协方差值。这个协方差矩阵可以帮助我们分析各个变量之间的相关性，进而做出相应的数据决策。

```
df[['收盘','开盘','高','低','交易量','涨跌幅']].cov()  #给出协方差矩阵，一般用于数值列，返回列与列之间的相关关系
```

输出结果如下。

	收盘	开盘	高	低	交易量	涨跌幅
收盘	3805.159585	3799.827925	3848.030384	3752.753786	52.539779	0.015801
开盘	3799.827925	3796.262456	3843.348844	3748.609125	53.871531	-0.000615
高	3848.030384	3843.348844	3891.931114	3795.534667	54.104198	0.008412
低	3752.753786	3748.609125	3795.534667	3701.913013	52.920356	0.004419
交易量	52.539779	53.871531	54.104198	52.920356	14.447579	-0.012218
涨跌幅	0.015801	-0.000615	0.008412	0.004419	-0.012218	0.000367

可以看出，交易量和涨跌幅呈负相关，但和其他变量（列）呈正相关。

② 计算两个变量之间的协方差

在 Pandas 中，可以使用.cov()方法来计算两个 Series 或 DataFrame 变量（列）之间的协方差。协方差值的正负号表示这两个变量之间的线性相关性方向，而数值的大小表示相关性的程度。

```
df['开盘'].cov(df['交易量']) #给出两个变量之间的相关关系
```

输出结果如下。

```
53.87153074596773
```

该数值表明二者呈正相关。

③ 计算所有变量之间的相关系数

在 Pandas 中，可以使用.corr()方法来计算 DataFrame 中各列之间的相关系数矩阵。相关系数的取值范围在[-1, 1]，接近 1 表示强正相关，接近-1 表示强负相关，接近 0 表示无线性相关。

```
df[['收盘','开盘','高','低','交易量','涨跌幅']].corr()  #给出相关性矩阵，一般用于数值列，返回列与列之间的相关系数
```

输出结果如下。

	收盘	开盘	高	低	交易量	涨跌幅
收盘	1.000000	0.999768	0.999930	0.999886	0.224081	0.013365
开盘	0.999768	1.000000	0.999883	0.999952	0.230030	-0.000521
高	0.999930	0.999883	1.000000	0.999948	0.228166	0.007035
低	0.999886	0.999952	0.999948	1.000000	0.228830	0.003790
交易量	0.224081	0.230030	0.228166	0.228830	1.000000	-0.167708
涨跌幅	0.013365	-0.000521	0.007035	0.003790	-0.167708	1.000000

可以看出，交易量和涨跌幅呈负相关，和其他变量呈正相关，但相关度都不是很高。

（3）非统计计算

```
df.all()       #返回指定轴是否所有元素都为真
df.any()       #返回指定轴任意元素是否为真
df.round()     #舍入到指定的小数位数
df.nunique()   #获取唯一值的数量
```

5.5 Pandas 常用操作

5-1 Pandas 常用操作

Pandas 常用操作涵盖了一系列功能强大的操作方法，包括利用 apply()函数、applymap()函数等对数据进行灵活处理和转换；此外，还包括排序、逻辑运算等关键操作。这些方法可以帮助用户对数据进行各种形式的处理和分析，以满足不同的数据处理需求。

5.5.1 apply()函数

apply()函数是 Pandas 中的一种功能强大的操作方法，可用于对 DataFrame 的行或列应用自定义函数。通过 apply()函数，可以对 DataFrame 中的每一行或每一列的数据应用指定的函数进行处理，从而实现数据的灵活处理和转换。

```
df = pd.DataFrame(np.random.randint(10, size=(3,4)))
df
df.apply(lambda x: x.max())        #apply()的 axis 参数默认为 0，表示匿名函数求每一列的最大值。
df.apply(lambda x: x.max(), axis=1) #axis=1 表示匿名函数求每一行的最大值
```

输出结果如下。

	0	1	2	3
0	3	2	2	2
1	0	5	4	6
2	9	1	7	4

```
0    9
1    5
2    7
3    6
dtype: int32
0    3
1    6
2    9
dtype: int32
```

5.5.2　applymap()函数

applymap 函数是 Pandas 中用于对 DataFrame 中的每个元素执行指定的函数操作的方法。与 apply 函数不同，applymap 函数适用于 DataFrame 的每个元素，而不是每行或每列。applymap()函数可用于批量处理 DataFrame 中的所有数据，如对每个元素都进行相同的数学运算或其他操作。

```
df = pd.DataFrame(np.random.randint(10, size=(3,4)))
df
df.applymap(lambda x: x*2)  #通过匿名函数将每个数都乘 2
```

输出结果如下。

	0	1	2	3
0	4	9	4	8
1	4	9	5	3
2	4	4	7	0

	0	1	2	3
0	8	18	8	16
1	8	18	10	6
2	8	8	14	0

5.5.3　排序

排序在数据处理中是一项常见而重要的操作，它可以帮助我们按照特定的列或行索引对数据进行排序，以便更好地理解数据的结构、分析数据的趋势和进行后续的处理。排序可以按照某个列的数值大小进行升序或降序排序，也可以按照行索引的大小进行排序，以满足不同的分析和需求。

（1）按照列排序

按照列排序是通过 sort_values()函数来实现的。通过指定参数 by 来选择要排序的列，然

后可以通过参数 ascending 来确定是升序还是降序排序。如果 ascending=False，则按照降序排序，否则按照升序排序，默认是升序排序。

```
df = pd.DataFrame(np.random.randint(10, size=(3,4)))
df
df.sort_values(by=[0], ascending=False)  #指定第 0 列按照降序排列
```

输出结果如下。

	0	1	2	3
0	3	7	7	5
1	6	8	3	7
2	3	4	7	1

	0	1	2	3
1	6	8	3	7
0	3	7	7	5
2	3	4	7	1

（2）按照行索引排序

按照行索引排序是通过 sort_index()函数来实现的。与 sort_values()类似，但是因为行索引只有一列，所以在 sort_index()中不需要额外指定排序的字段。通过参数 ascending 来确定是升序还是降序排序。

```
df = pd.DataFrame(np.random.randint(10, size=(3,4)))
df
df.sort_index(ascending=False)  #按照行索引进行降序排列，不需要额外指定字段
```

输出结果如下。

	0	1	2	3
0	4	1	8	3
1	7	0	5	0
2	8	3	0	6

	0	1	2	3
2	8	3	0	6
1	7	0	5	0
0	4	1	8	3

5.5.4 逻辑运算

在 Pandas 中，可以使用逻辑运算符和函数进行数据筛选和过滤。常用的逻辑运算符和函数如表 5-5 所示。在商务数据分析中，合理运用逻辑运算可以筛选出需要的记录，进行有针对性的分析。

表 5-5　常用逻辑运算符和函数

类别	运算符或函数
一般逻辑运算	>、>=、<、<=、==、!=
复合逻辑运算	&、|、~
逻辑运算函数	query()、isin()、between()

(1)筛选出"普茶销量大于等于 60 且清凉茶销量大于等于 70"的记录

使用"与"运算符可以组合多个筛选条件,实现对数据的复合筛选。

```
df = pd.read_csv('data/products_sales.csv') #读取指定目录中的 CSV 文件
df                                          #输出产品销量表
(df["普茶"] >= 60) & (df["清凉茶"] >= 70)     #筛选出条件
df[(df["普茶"] >= 60) & (df["清凉茶"] >= 70)]#再利用条件筛选出记录
```

输出结果如下。

	name	dates	一般咖啡	普茶	清凉茶
0	临桂店	2022-08-12	33	93	39
1	七星店	2022-08-12	37	98	49
2	象山店	2022-08-12	53	82	98
3	灵川店	2022-08-12	73	70	73
4	师大店	2022-08-12	97	68	82
5	桂电店	2022-08-12	54	92	30
6	桂工店	2022-08-12	64	36	70
7	丹桂府店	2022-08-12	61	35	65
8	中山路店	2022-08-12	59	50	36
9	航院店	2022-08-12	50	45	40

```
0    False
1    False
2     True
3     True
4     True
5    False
6    False
7    False
8    False
9    False
dtype: bool
```

	name	dates	一般咖啡	普茶	清凉茶
2	象山店	2022-08-12	53	82	98
3	灵川店	2022-08-12	73	70	73
4	师大店	2022-08-12	97	68	82

(2)筛选出"一般咖啡销量小于 60 或者普茶销量大于 80"的记录

使用"或"运算符可以扩大筛选范围,得到多个条件作用下的并集数据。

```
(df["一般咖啡"] < 60) | (df["普茶"] > 80)        # 筛选出条件
df[(df["一般咖啡"] < 60) | (df["普茶"] > 80)]    # 再利用条件筛选出记录
```

输出结果如下。

```
0     True
1     True
2     True
3    False
4    False
5     True
6    False
```

```
7    False
8     True
9     True
dtype: bool
```

	name	dates	一般咖啡	普茶	清凉茶
0	临桂店	2022-08-12	33	93	39
1	七星店	2022-08-12	37	98	49
2	象山店	2022-08-12	53	82	98
5	桂电店	2022-08-12	54	92	30
8	中山路店	2022-08-12	59	50	36
9	航院店	2022-08-12	50	45	40

（3）筛选出“一般咖啡销量非空”的记录

使用“非”运算符可以方便地保留或排除空值记录。

```
~df["一般咖啡"].isnull()          #筛选出条件，这里非空
df[~df["一般咖啡"].isnull()]      #再利用条件筛选出记录
```

输出结果如下。

```
0    True
1    True
2    True
3    True
4    True
5    True
6    True
7    True
8    True
9    True
Name: 一般咖啡, dtype: bool
```

	name	dates	一般咖啡	普茶	清凉茶
0	临桂店	2022-08-12	33	93	39
1	七星店	2022-08-12	37	98	49
2	象山店	2022-08-12	53	82	98
3	灵川店	2022-08-12	73	70	73
4	师大店	2022-08-12	97	68	82
5	桂电店	2022-08-12	54	92	30
6	桂工店	2022-08-12	64	36	70
7	丹桂府店	2022-08-12	61	35	65
8	中山路店	2022-08-12	59	50	36
9	航院店	2022-08-12	50	45	40

（4）简化查询代码

query()函数提供了自定义查询表达式的方法，可以简化查询代码。

```
df.query("一般咖啡 >= 60")
df.query("一般咖啡 >= 60 & 普茶 >= 60")
```

输出结果如下。

	name	dates	一般咖啡	普茶	清凉茶
3	灵川店	2022-08-12	73	70	73
4	师大店	2022-08-12	97	68	82
6	桂工店	2022-08-12	64	36	70
7	丹桂府店	2022-08-12	61	35	65

	name	dates	一般咖啡	普茶	清凉茶
3	灵川店	2022-08-12	73	70	73
4	师大店	2022-08-12	97	68	82

（5）查看 DataFrame、Series 以及索引是否包含传入的指定值

isin()函数可用于判断元素是否在指定集合中，适用于批量查找的情况。

```
df.isin([60, 70])                    #查看 DataFrame 是否包含传入的指定值
df["一般咖啡"].isin([37, 97])         #查看 Series 是否包含传入的指定值，可作为条件
df[df["一般咖啡"].isin([37, 97])]     #筛选出符合条件的记录
```

输出结果如下。

	name	dates	一般咖啡	普茶	清凉茶
0	False	False	False	False	False
1	False	False	False	False	False
2	False	False	False	False	False
3	False	False	False	True	False
4	False	False	False	False	False
5	False	False	False	False	False
6	False	False	False	False	True
7	False	False	False	False	False
8	False	False	False	False	False
9	False	False	False	False	False

```
0    False
1    True
2    False
3    False
4    True
5    False
6    False
7    False
8    False
9    False
Name: 一般咖啡, dtype: bool
```

	name	dates	一般咖啡	普茶	清凉茶
1	七星店	2022-08-12	37	98	49
4	师大店	2022-08-12	97	68	82

（6）进行范围筛选，如果在指定范围内，则返回 True，否则返回 False

between()函数可实现范围条件筛选，可以同时指定上下限。

```
df["一般咖啡"].between(50, 70)        #选出满足范围的条件
df[df["一般咖啡"].between(50, 70)]    #筛选出符合条件的记录
```

输出结果如下。

```
0    False
1    False
2     True
3    False
4    False
5     True
6     True
7     True
8     True
9     True
Name: 一般咖啡, dtype: bool
```

	name	dates	一般咖啡	普茶	清凉茶
2	象山店	2022-08-12	53	82	98
5	桂电店	2022-08-12	54	92	30
6	桂工店	2022-08-12	64	36	70
7	丹桂府店	2022-08-12	61	35	65
8	中山路店	2022-08-12	59	50	36
9	航院店	2022-08-12	50	45	40

5.6 Pandas 高级操作

Pandas 高级操作包括替换操作（单值替换、多值替换）、映射操作、运算工具、基于排序实现的随机抽样，以及数据库数据读取等。这些高级操作是进行数据分析的强大工具和技术，拓展了数据处理的方式。

5.6.1 替换操作

替换操作可以同步作用于 Series 和 DataFrame，替换方法为 replace()。替换操作包括单值替换和多值替换两种方式。

1. 单值替换

单值替换包括普通替换和指定列替换。

- 普通替换：替换所有符合要求的元素，to_replace=被替换值, value=替换值。
- 指定列替换：to_replace={列标签:被替换值}, value=替换值。

（1）普通替换

将数据表中的 71 替换成 four。

```
df = pd.DataFrame([[33, 46, 52, 41, 93, 75], [99, 84, 99, 21, 82, 60], [52, 97, 35, 
71, 72, 92], [56, 94, 36, 96, 72, 61], [14, 40, 45, 26, 43, 45]])
df.replace(to_replace=71, value='four')
```

输出结果如下。

	0	1	2	3	4	5
0	33	46	52	41	93	75
1	99	84	99	21	82	60
2	52	97	35	four	72	92
3	56	94	36	96	72	61
4	14	40	45	26	43	45

有一点要注意，如果新值的数据类型发生变化，那么它所在的整个列的数据类型都会改变。例如，查看替换后的数据的列信息，代码如下。

```
df.replace(to_replace=71, value='four').info()
```

输出结果如下。

```
<class 'pandas.core.frame.DataFrame'>
RangeIndex: 5 entries, 0 to 4
Data columns (total 6 columns):
 #   Column  Non-Null Count  Dtype
---  ------  --------------  -----
 0   0       5 non-null      int32
 1   1       5 non-null      int32
 2   2       5 non-null      int32
 3   3       5 non-null      object
 4   4       5 non-null      int32
 5   5       5 non-null      int32
dtypes: int32(5), object(1)
memory usage: 272.0+ bytes
```

可以看到，第 4 列的数据类型变成了 object。

（2）指定列替换

如果数据表中有多个要替换的元素，如数据表中有两个 72，如果直接使用普通替换的方法，代码如下。

```
df.replace(to_replace=72, value=666)
```

输出结果如下。

	0	1	2	3	4	5
0	83	66	96	89	88	10
1	93	39	6	10	34	70
2	20	46	57	3	666	8
3	7	82	23	8	666	14
4	65	54	61	7	9	86

可以看到，两个 72 都会被替换成 666。

如果只替换某一列中的 99，可以通过字典指定列替换。其中，字典的键为要替换的数据所在列，值为要替换的数据。

```
df.replace(to_replace={2: 99}, value=777)
```

输出结果如下。

	0	1	2	3	4	5
0	83	66	96	89	88	10
1	99	39	777	10	34	70
2	20	46	57	3	73	8
3	7	82	23	8	81	14
4	65	54	61	7	9	86

这样只有第三列中的 99 被替换成 777，而第一列的 99 仍然存在。

2. 多值替换

多值替换包括列表替换和字典替换。

- 列表替换：替换列表中所有元素，to_replace=[], value=[]。

● 字典替换（推荐）：to_replace={被替换值:替换值,被替换值:替换值}。

```
df = pd.DataFrame(np.random.randint(0, 100, size=(5, 6))) #创建一个 5 行 6 列的数据表
df
```

输出结果如下。

	0	1	2	3	4	5
0	83	66	96	89	88	10
1	93	39	6	10	34	70
2	20	46	57	3	73	8
3	7	82	23	8	81	14
4	65	54	61	7	9	86

有时候需要替换很多数据，如果一个一个地替换，就有些麻烦。这时可以通过多值替换批量完成替换操作。

（1）列表替换

列表替换是指把多个替换的旧值与新值分别以列表的形式传给 to_replace 和 value 参数，旧值与新值要一一对应。

```
df
df.replace(to_replace=[3, 7], value=['three', 'seven'])
```

输出结果如下。

	0	1	2	3	4	5
0	83	66	96	89	88	10
1	93	39	6	10	34	70
2	20	46	57	3	73	8
3	7	82	23	8	81	14
4	65	54	61	7	9	86

	0	1	2	3	4	5
0	83	66	96	89	88	10
1	93	39	6	10	34	70
2	20	46	57	three	73	8
3	seven	82	23	8	81	14
4	65	54	61	seven	9	86

数据中的 3 替换成了 three，7 替换成了 seven。

（2）字典替换（推荐）

列表替换虽然可以实现多值替换，但是看起来并不直观，可读性不高。我们还可以将旧值与新值以字典的键值对形式传给 to_replace。

```
df.replace(to_replace={10:'广西', 20:'桂林'})
```

输出结果如下。

	0	1	2	3	4	5
0	83	66	96	89	88	广西
1	93	39	6	广西	34	70
2	桂林	46	57	3	73	8
3	7	82	23	8	81	14
4	65	54	61	7	9	86

可以看出，字典替换同样实现了多值替换。

5.6.2　映射操作

映射操作的概念是用字典创建一个映射关系，把字典中的 value 和特定的标签或者字符串绑定（给元素值提供不同的表现形式）。map()是 Series 的方法，只能由 Series 调用。

创建一个 DataFrame 对象，两列分别是姓名（name）和薪资（salary）。

```
dic = {
    'name': ['张三', '李四', '张三'],
    'salary': [15000, 20000, 15000]
}
df = pd.DataFrame(data=dic)
df
```

输出结果如下。

	name	salary
0	张三	15000
1	李四	20000
2	张三	15000

然后用字典创建一个映射关系。通过这个映射关系，就可以实现映射。

```
map_dic = {
    '张三': 'Tom',
    '李四': 'Jerry'
}
df['nickname'] = df['name'].map(map_dic)
df
```

输出结果如下。

	name	salary	nickname
0	张三	15000	Tom
1	李四	20000	Jerry
2	张三	15000	Tom

实际上，map()方法就是将原数据中的内容用字典的键对应的值进行替换。

5.6.3　运算工具

（1）Series 中的 map()方法

假设有这样一个需求：假定薪资超过 5000 元的部分需要缴纳 10%的税，计算每个人的税后薪资。

首先定义一个计算税后薪资的函数，然后使用 map()方法获取税后薪资。

```
def after_tax(salary):
    if salary > 5000:
        salary -= (salary - 5000) * 0.1
    return salary

df['after_tax'] = df['salary'].map(after_tax)
df
```

输出结果如下。

	name	salary	after_tax	nickname
0	张三	15000	14000.0	Tom
1	李四	20000	18500.0	Jerry
2	张三	15000	14000.0	Tom

得到的新的一列 after_tax 就是税后薪资。

（2）DataFrame 中的 apply()方法

apply()方法是 DataFrame 中的运算工具，作用于 DataFrame 对象的行/列。

```
df = pd.DataFrame(np.random.randint(0, 100, size=(5, 3))) #创建一个 5 行 3 列的 DataFrame
对象
df
def my_add(num):
    return num + 10

df.apply(my_add, axis=0)
```

输出结果如下。

	0	1	2
0	78	4	62
1	43	71	63
2	81	43	1
3	2	28	83
4	72	40	79

	0	1	2
0	88	14	72
1	53	81	73
2	91	53	11
3	12	38	93
4	82	50	89

apply()方法会把 DataFrame 对象中的每一行/列传入运算函数。可以对这一行/列数据进行四则运算，但是不能进行更复杂的运算操作。当然，因为是以行/列传入，可以对数据进行一些聚合运算。

（3）DataFrame 中的 applymap()方法

applymap()方法可以将某种运算作用到 DataFrame 对象的每一个元素上。

```
def my_add(num):
    return num + 10

df.applymap(my_add)
```

输出结果如下。

	0	1	2
0	88	14	72
1	53	81	73
2	91	53	11
3	12	38	93
4	82	50	89

可以看出，每个元素都增加了 10。

5.6.4 基于排序实现随机抽样

当数据量很大的时候，对它们全部进行运算是不现实的。这时，可以从中随机抽取一部分数据进行运算，以降低运算量。

随机抽样的思路是先将原来的数据的顺序打乱（也就是进行随机排序），然后提取新数据中的前几行。

打乱数据的顺序可以用到 DataFrame 的两个方法。

- take()：可以根据指定的索引取样。
- np.random.permutation(n)：用来创建值为 0 到 n−1 的随机数组。

```
df = pd.DataFrame(np.random.randint(0, 100, size=(100, 3)), columns=['A', 'B', 'C'])
#创建一些数据，100 行 3 列
df.take(indices=[4, 11, 2, 7], axis=0) #指定索引进行取样。取索引为 4、11、2、7 的几行数据
```

其中，参数 indices 用来指定所需数据的索引，注意这里只能用隐式（数字）索引。参数 axis 用来指定方向，0 为横向，1 为纵向。

输出结果如下。

	A	B	C
4	87	27	82
11	11	6	69
2	38	96	22
7	11	31	96

对列取样，即把 axis 指定为 1。注意不能用显式索引。

不难想象，如果有一个随机的索引数组，通过 take()方法取样即可实现对数据的重新排列。

怎么获得顺序随机的索引数组呢？可以使用 np.random 的 permutation()方法。

```
np.random.permutation(5) #顺序随机的索引数组
```

因为原数据有 100 行，只需生成 100 个随机索引数组，然后用该索引数组进行取样，即可得到顺序随机的数据。

```
df.take(np.random.permutation(100))[:10] #实现对原数据的随机取样，并只提取前 10 条数据
```

输出结果如下。

	A	B	C
72	91	95	62
6	16	18	8
37	79	71	70
76	73	10	9
14	9	98	26
83	26	35	79
93	45	81	39
65	46	49	69
48	44	8	82
77	71	48	64

5.6.5 数据库数据读取

（1）连接数据库获取数据

Pandas 可以直接连接关系数据库（如 MySQL、Oracle 和 SQLite 等）导入数据。在使用 SQLAlchemy 读取 MySQL 中的数据之前，需要执行“pip install --force-reinstall 'sqlalchemy<=1.4.45'”命令安装。Pandas 目前支持 SQLAlchemy 1.4.45，暂时还不支持更高版本。

```
from sqlalchemy import create_engine #导入 create_engine 模块
import pandas as pd

#初始化数据库连接
#按实际情况依次输入 MySQL 的用户名、密码、IP 地址、端口、数据库名
engine = create_engine('mysql+pymysql://root:ggs009@127.0.0.1/digital_economy')
#将 MySQL 数据导入 DataFrame
#输入 SQL 语句，可以是复杂的查询语句
#使用 Pandas 的 read_sql()函数执行 SQL 语句，并存入 DataFrame
sql_df = pd.read_sql('select * from user', engine)
sql_df #输出表中的部分数据
```

输出结果如下。

	id	username	password	address	tel	ssn
0	1	jingzeng	Rq6LhG6O89	四川省六安县城东周街 s 座 540794	15399653418	222400200308108992
1	2	jun14	MmMfHsKgG3	青海省长春县黄浦太原路 D 座 202470	13090809625	220623199210190439
2	3	xiulan87	coY7Swrtk1	澳门特别行政区亮县合川丁路 E 座 821511	15616208774	630104197406126798
3	4	juanjin	N6AFj5YhF1	山西省秀华县长寿孙路 a 座 954241	14588332655	320205194703249351
4	5	jingxiao	2IGsfQJK9D	吉林省长春市金平关岭路 j 座 625415	18902252336	130424199503198833
5	6	ming53	TFUtT1Okf9	上海市倩县崇文杨街 Y 座 206114	14524022705	623024197703121054
6	7	linmin	xV0TlEktKG	江苏省哈尔滨县孝南俞街 M 座 121270	15565642814	140722199406142892
7	8	chan	1YO9iHfNmo	江西省丽县淄川六安路 H 座 312325	18694684643	340621195812245077

（2）将数据存储到数据库

使用 DataFrame 的 to_sql()函数可以将 DataFrame 对象中的数据存储到数据库中。

```
# 将 DataFrame 对象写入 MySQL
# 新建 DataFrame 对象
df = pd.DataFrame({'username':['阿广'], 'password': ['123'], 'address': ['广西壮族自治区桂林市七星区 541004'], 'tel': ['123456789'], 'ssn': ['111101198804073299']})
#将 DataFrame 对象保存到 MySQL 数据库中
df.to_sql(name='user', con=engine, if_exists='append', index=False)
sql_df = pd.read_sql('select * from user', engine)
sql_df[-5:] #输出最后 5 条数据
```

输出结果如下。

	id	username	password	address	tel	ssn
17	18	pengming	nK33CsaT64	海南省丽丽县朝阳嘉禾街 n 座 328616	14519739038	64032419380502529X
18	19	lisu	6uVzqkSfOD	广东省长春市华龙海口路 u 座 709054	13921446508	450203200002257070
19	20	yangpan	WS2L8rm57e	四川省梅市萧山台北街 i 座 209100	13114670948	360926198403114733
20	31	阿广	123	广西壮族自治区桂林市七星区 541004	123456789	111101198804073299
21	32	阿广	123	广西壮族自治区桂林市七星区 541004	123456789	111101198804073299

5.7　Pandas 缺失值处理

在数据处理过程中，经常会遇到缺失值的情况，即数据集中某些位置缺少了数据或信息。Pandas 提供了一系列函数来处理缺失值，使得数据清洗和分析变得更加方便和高效。在 Python 中空值为 None，但是在 Pandas 中空值被显示为 NaN。Pandas 中主要的缺失值处理函数包括：

- df.isnull()、df.notnull()：判断缺失值，两个函数的返回值互为取反。
- df.isna()、df.notna()：df.isna()等同于 df.isnull()；df.notna()等同于 df.notnull()。
- df.fillna()：填充缺失值。
- df.dropna()：删除缺失值。

5.7.1　默认的缺失值

当需要人为指定缺失值时，默认用 None 或 np.nan 来表示。

```
pd.Series(['王二', '张三', None])
pd.Series(['李四', '王五', np.nan])  #np.nan 被自动识别为 NaN
```

输出结果如下。

```
0     王二
1     张三
2   None
dtype: object
0     李四
1     王五
2    NaN
dtype: object
```

5.7.2　缺失值的判断

对缺失值进行操作前，通常需要判断是否存在缺失值，通过 isnull()和 notnull()两个方法可以快速判断。

```
a = pd.Series(['王二', '张三', None])
a.isnull()    #isnull()方法，如果为 NaN，返回 True，否则返回 False
b = pd.Series(['李四', '王五', np.nan])
b.notnull()   #notnull()方法，如果为 NaN，返回 False，否则返回 True
```

输出结果如下。

```
0    False
1    False
2     True
dtype: bool
0     True
1     True
2    False
dtype: bool
```

5.7.3 缺失值的填充

通过 fillna()方法和 replace()方法，可以快速地填充缺失值。

（1）Series 对象

```
a = pd.Series(['王二', '张三', None, '王五'])
a.fillna(value='李四')        #value 参数表示用指定的值（标量值）来替换缺失值
a.fillna(method='pad')        #method 参数指定一种方法来填充缺失值;pad 表示用 NaN 前面一个值来进行填充，等同于 ffill
a.fillna(method='bfill')      #bfill 表示用 NaN 后面一个值来进行填充
a.replace(np.nan, '赵六')     #replace()方法，其中缺失值需要用 np.nan 来表示
```

输出结果如下。

```
0    王二
1    张三
2    李四
3    王五
dtype: object
0    王二
1    张三
2    张三
3    王五
dtype: object
0    王二
1    张三
2    王五
3    王五
dtype: object
0    王二
1    张三
2    赵六
3    王五
dtype: object
```

（2）DataFrame 对象

```
df = pd.DataFrame(
        {'name':['王二', '张三', '王五', '赵六'],
         'age':[22, 30, None, 26]})
df
df.fillna(df.mean(numeric_only=True)) #对数值列的 NaN 值用对应的均值来填充
```

输出结果如下。

	name	age
0	王二	22.0
1	张三	30.0
2	王五	NaN
3	赵六	26.0

	name	age
0	王二	22.0
1	张三	30.0
2	王五	26.0
3	赵六	26.0

5.7.4 缺失值的删除

dropna()方法可以快速删除 NaN 值。

（1）Series 对象

```
a = pd.Series(['王二', '张三', None, '王五'])
a
a.dropna()
```

输出结果如下。

```
0      王二
1      张三
2    None
3      王五
dtype: object
0    王二
1    张三
3    王五
dtype: object
```

（2）DataFrame 对象

使用 dropna()删除数据缺失值时，可以设置 axis 参数的值。默认 axis=0，表示去除包含 NaN 的行；axis=1，表示去除包含 NaN 的列。

```
df = pd.DataFrame(
        {'name': ['王二', '张三', '王五', '赵六'],
         'age': [22, 30, None, 26]})
df
df.dropna()        #默认 axis=0，去除包含 NaN 的行
df.dropna(axis=1) #axis=1，去除包含 NaN 的列
```

输出结果如下。

	name	age
0	王二	22.0
1	张三	30.0
2	王五	NaN
3	赵六	26.0

	name	age
0	王二	22.0
1	张三	30.0
3	赵六	26.0

	name
0	王二
1	张三
2	王五
3	赵六

5.8 Pandas 数据分组

在数据分析和处理过程中，经常需要对数据进行分组并对每个分组执行相应的运算或操作。Pandas 中的 groupby()函数提供了一种有效的方式来实现这一目的。通过 groupby()函数，可以按照指定的列或条件将数据集分成若干组，然后对每个分组进行聚合、转换或其他操作。

5-2 Pandas 数据分组

5.8.1 单类分组

```
df = pd.DataFrame({'name':['王二', '张三', '李四', '王五', '赵六'],
                   'gender':['女性', '女性', '男性', '男性', '男性'],
                   'class':[1, 2, 1, 1, 2],
                   'height':[161, 160, 180, 161, 170]})
df
df.groupby('gender')  #单类分组
```

输出结果如下。

	name	gender	class	height
0	王二	女性	1	161
1	张三	女性	2	160
2	李四	男性	1	180
3	王五	男性	1	161
4	赵六	男性	2	170

```
<pandas.core.groupby.generic.DataFrameGroupBy object at 0x000001C8E060AED0>
```

按照性别（gender）进行分组，得到的结果是一个 GroupBy 对象，此时还没有进行任何运算。

（1）describe()函数

describe()函数用于描述组内数据的基本统计量。

```
df.groupby('gender').describe()
```

输出结果如下。

	class								height							
	count	mean	std	min	25%	50%	75%	max	count	mean	std	min	25%	50%	75%	max
gender																
女性	2.0	1.500000	0.707107	1.0	1.25	1.5	1.75	2.0	2.0	160.500000	0.707107	160.0	160.25	160.5	160.75	161.0
男性	3.0	1.333333	0.577350	1.0	1.00	1.0	1.50	2.0	3.0	170.333333	9.504385	161.0	165.50	170.0	175.00	180.0

注意事项如下。

- 只有数字类型的列数据才会被参与运算、统计。

- 示例中数字类型的数据有班级（class）和身高（height）两列。

（2）选择特定列

但是，班级（class）的均值等信息并不需要统计，只需要身高（height）列，因此需要做一下小的改动。

```
df.groupby('gender')['height'].describe()   #选择 height 列
```

输出结果如下。

	count	mean	std	min	25%	50%	75%	max
gender								
女性	2.0	160.500000	0.707107	160.0	160.25	160.5	160.75	161.0
男性	3.0	170.333333	9.504385	161.0	165.50	170.0	175.00	180.0

5.8.2　多类分组

（1）选择多个列

在多类分组中，可以选择多个列作为分组依据。例如，根据 class 和 gender 两列对数据进行分组，代码如下。

```
df.groupby(['class','gender'])['height'].mean()    #多类分组，同时选 class 和 gender 两列
```

输出结果如下。

```
class  gender
1      女性        161.0
       男性        170.5
2      女性        160.0
       男性        170.0
Name: height, dtype: float64
```

注意：mean()函数用于计算组内均值。事实上，DataFrame 的很多聚合函数可以直接运用到 GroupBy 对象上。

（2）运用多个函数

agg()方法可以运用多个函数对分组数据进行计算，它的参数是一个函数列表，列表中的每个函数都会应用到分组数据上。例如，对于每一组数据，用 agg()方法计算 height 列的总和（sum）、平均值（mean）和标准差（std）。

```
df.groupby(['class','gender'])['height'].agg([np.sum, np.mean, np.std])  #通过 agg()方法一次运用 3 个函数
```

输出结果如下。

		sum	mean	std
class	gender			
1	女性	161	161.0	NaN
	男性	341	170.5	13.435029
2	女性	160	160.0	NaN
	男性	170	170.0	NaN

5.8.3 时间分组

（1）按照出生日期（birthday）列的年份进行分组，看看有多少人同龄

首先，在原来的数据框架中新增 birthday 列，但由于分隔符“/”的存在，birthday 列并不是日期类型。

```
df = pd.DataFrame({'name':['王二', '张三', '李四', '王五', '赵六'],
                   'gender':['女性', '女性', '男性', '男性', '男性'],
                   'class':[1, 2, 1, 1, 2],
                   'birthday':['1992/01/01', '1993/01/01', '1992/02/01', '1992/03/01',
'1993/01/02'], #新增列
                   'height':[161, 160, 180, 161, 170]})
df.dtypes  #查看数据类型
```

输出结果如下。

```
name        object
gender      object
class        int64
birthday    object
height       int64
dtype: object
```

因此，需要先将 birthday 列转换为日期类型，再按照 birthday 列的年份进行分组。

```
#转换为日期类型
df['birthday'] = pd.to_datetime(df['birthday'], format='%Y/%m/%d')
df
#按照 birthday 列的年份分组，计算组内的数据数量
df.groupby(df['birthday'].apply(lambda x: x.year)).count()
```

其中，匿名函数用于提取 birthday 列中的年份，然后分组函数根据该年份进行分组，并计算组内的数据数量。

输出结果如下。

	name	gender	class	birthday	height
0	王二	女性	1	1992-01-01	161
1	张三	女性	2	1993-01-01	160
2	李四	男性	1	1992-02-01	180
3	王五	男性	1	1992-03-01	161
4	赵六	男性	2	1993-01-02	170

	name	gender	class	birthday	height
birthday					
1992	3	3	3	3	3
1993	2	2	2	2	2

（2）按年份分组（同一年的放在一组），将小组内生日靠前的作为小队长

```
df.sort_values('birthday', inplace=True)  #按时间排序
df.groupby(df['birthday'].apply(lambda x: x.year), as_index=False).first()
#as_index=False 表示保持原来的数据索引结果不变。first()表示保留第一行数据
```

输出结果如下。

	name	gender	class	birthday	height
0	王二	女性	1	1992-01-01	161
1	张三	女性	2	1993-01-01	160

（3）找到只有一个人过生日的月份

```
df.groupby(df['birthday'].apply(lambda x: x.month), as_index=False)  #按月份分组
df.groupby(df['birthday'].apply(lambda x: x.month), as_index=False).filter(lambda x:
len(x)==1)  #filter()表示对分组进行过滤，保留满足条件的分组
```

输出结果如下。

```
<pandas.core.groupby.generic.DataFrameGroupBy object at 0x000001C8E001DD90>
```

	name	gender	class	birthday	height
2	李四	男性	1	1992-02-01	180
3	王五	男性	1	1992-03-01	161

5.9　Pandas 数据合并

数据合并是数据处理过程中的必经环节。作为数据分析的利器，Pandas 提供了 5 个常用的数据合并函数：concat()、merge()、append()、join()和 combine()。

5.9.1　数据准备

本节分析过程会用到两个数据表：产品表、订单表。

```
#产品表
df1 = pd.DataFrame(
    {'产品编号':['CP13', 'CP14', 'CP15', 'CP16', 'CP17'],
    '产品名称':['产品A003', '产品A004', '产品A005', '产品A006', '产品A007']})
#订单表
df2 = pd.DataFrame(
    {'订单编号':['20220913', '20220914', '20220915', '20220915'],
      '产品编号':['CP13', 'CP14', 'CP15', 'CP16'],
      '产品销量':[13, 24, 45, 32],
      '负责人':["张三", "赵六", "周八", "周八"]})
df1  #输出产品表
df2  #输出订单表
```

输出结果如下。

	产品编号	产品名称
0	CP13	产品A003
1	CP14	产品A004
2	CP15	产品A005
3	CP16	产品A006
4	CP17	产品A007

	订单编号	产品编号	产品销量	负责人
0	20220913	CP13	13	张三
1	20220914	CP14	24	赵六
2	20220915	CP15	45	周八
3	20220915	CP16	32	周八

5.9.2 concat()函数

concat()函数是 Pandas 库中用于数据连接和合并的重要工具。它支持将多个 Series 或 DataFrame 对象沿指定轴方向进行合并，形成一个新的 DataFrame。默认情况下，concat()函数执行纵向合并，即沿着列的方向将多个对象合并。但是，通过指定 axis 参数，可以灵活地控制合并的方式，实现横向合并或其他定制的合并操作。

（1）纵向合并（默认）

```
#axis=0 表示纵向合并（默认），合并依据是列名（产品编号）
#join='outer'表示外联（默认），保留两个表所有的行标签，也就是求并集
#如果两个数据表中有个数据没有对应行或列，则会填充为空值 NaN
pd.concat([df1, df2])
```

输出结果如下。

	产品编号	产品名称	订单编号	产品销量	负责人
0	CP13	产品 A003	NaN	NaN	NaN
1	CP14	产品 A004	NaN	NaN	NaN
2	CP15	产品 A005	NaN	NaN	NaN
3	CP16	产品 A006	NaN	NaN	NaN
4	CP17	产品 A007	NaN	NaN	NaN
0	CP13	NaN	20220913	13.0	张三
1	CP14	NaN	20220914	24.0	赵六
2	CP15	NaN	20220915	45.0	周八
3	CP16	NaN	20220915	32.0	周八

（2）横向合并

```
pd.concat([df1, df2], axis=1) #axis=1 表示横向合并
```

输出结果如下。

	产品编号	产品名称	订单编号	产品编号	产品销量	负责人
0	CP13	产品 A003	20220913	CP13	13.0	张三
1	CP14	产品 A004	20220914	CP14	24.0	赵六
2	CP15	产品 A005	20220915	CP15	45.0	周八
3	CP16	产品 A006	20220915	CP16	32.0	周八
4	CP17	产品 A007	NaN	NaN	NaN	NaN

（3）交集合并

```
#join='inner'表示内联，保留两个表共有的行标签
pd.concat([df1, df2], axis=1, join='inner')
```

输出结果如下。

	产品编号	产品名称	订单编号	产品编号	产品销量	负责人
0	CP13	产品 A003	20220913	CP13	13	张三
1	CP14	产品 A004	20220914	CP14	24	赵六
2	CP15	产品 A005	20220915	CP15	45	周八
3	CP16	产品 A006	20220915	CP16	32	周八

（4）DataFrame 与 Series 合并

```
#df1 是 DataFrame 对象
#df2['订单编号']是 Series 对象
pd.concat([df1, df2['订单编号']], axis=1, join='inner')
```

输出结果如下。

	产品编号	产品名称	订单编号
0	CP13	产品 A003	20220913
1	CP14	产品 A004	20220914
2	CP15	产品 A005	20220915
3	CP16	产品 A006	20220915

5.9.3 merge()函数

merge()函数是 Pandas 库中用于根据一个或多个键将不同 DataFrame 中的行连接起来的功能强大的工具。通过指定连接的键，merge 函数可以将两个 DataFrame 的行按照指定的键值进行匹配和合并，形成一个新的 DataFrame。合并的过程类似于 SQL 中的 JOIN 操作，可以根据一个或多个共同的列将两个 DataFrame 进行关联。其中，左表必须是 DataFrame 对象，而合并的数量只能是两个 DataFrame 对象。merge()函数默认执行横向合并，但也可以通过指定其他参数来实现不同的合并方式，如连接方式、键的名称、索引处理等。

```
#left_on 表示左表要进行合并的字段，right_on 表示右表要进行合并的字段
#how 表示数据连接方式，默认为 inner，可选 outer、left 和 right
pd.merge(df1, df2, left_on='产品编号', right_on='产品编号', how='right')  #how='right'
表示返回连接的右表中存在的所有行（仅使用右表中的键）
```

输出结果如下。

	产品编号	产品名称	订单编号	产品销量	负责人
0	CP13	产品 A003	20220913	13	张三
1	CP14	产品 A004	20220914	24	赵六
2	CP15	产品 A005	20220915	45	周八
3	CP16	产品 A006	20220915	32	周八

5.9.4 append()函数

append()函数是 Pandas 中用于在 DataFrame 末尾追加数据的方法。它类似于 concat()函数的纵向合并操作，但更为简单直接，专门用于在一个 DataFrame 的末尾追加另一个 DataFrame 或 Series。具体来说，append()函数是将另一个 DataFrame 或 Series 添加到调用它的 DataFrame 的末尾，形成一个新的 DataFrame，并返回这个新的 DataFrame。与 concat()函数不同的是，append()函数只能进行纵向合并，并且只能将一个 DataFrame 或 Series 追加到另一个 DataFrame 的末尾。

```
df1.append(df2)
```

输出结果如下。

	产品编号	产品名称	订单编号	产品销量	负责人
0	CP13	产品 A003	NaN	NaN	NaN
1	CP14	产品 A004	NaN	NaN	NaN
2	CP15	产品 A005	NaN	NaN	NaN
3	CP16	产品 A006	NaN	NaN	NaN
4	CP17	产品 A007	NaN	NaN	NaN
0	CP13	NaN	20220913	13.0	张三
1	CP14	NaN	20220914	24.0	赵六
2	CP15	NaN	20220915	45.0	周八
3	CP16	NaN	20220915	32.0	周八

5.9.5 join()函数

join()函数是 Pandas 库中用于将两个 DataFrame 按照索引进行横向合并的函数。它的操作类似于 concat()函数的横向合并操作，但是 join()函数是基于索引进行合并的，而 concat()函数是基于列名进行合并的。具体来说，join()函数将两个 DataFrame 按照它们的索引进行匹配，并将它们的列组合在一起形成一个新的 DataFrame。默认情况下，join()函数执行的是左连接，即保留左侧 DataFrame 的所有行，并将右侧 DataFrame 的对应行与之匹配，如果右侧 DataFrame 中某些行的索引在左侧 DataFrame 中不存在，则在对应位置填充 NaN 值。

```
df1.join(df2, lsuffix='_b', rsuffix='_a')  #lsuffix 表示左表同名列后缀，rsuffix 表示右表同名列后缀
```

输出结果如下。

	产品编号_b	产品名称	订单编号	产品编号_a	产品销量	负责人
0	CP13	产品 A003	20220913	CP13	13.0	张三
1	CP14	产品 A004	20220914	CP14	24.0	赵六
2	CP15	产品 A005	20220915	CP15	45.0	周八
3	CP16	产品 A006	20220915	CP16	32.0	周八
4	CP17	产品 A007	NaN	NaN	NaN	NaN

5.9.6 combine()函数

combine()函数是 Pandas 中用于根据一定的规则将两个 DataFrame 按列进行合并的方法。它可以在合并过程中对对应位置的值进行一定的计算，如取两个 DataFrame 对应位置的最大值、最小值、求和等操作。

（1）combine()函数

```
s1 = pd.DataFrame({'A 销量':[3, 4], 'B 销量':[1, 4]})
s1
s2 = pd.DataFrame({'A 销量':[1, 2], 'B 销量':[5, 6]})
s2
s1.combine(s2, lambda a, b:np.where(a>b, a, b))  #匿名函数用于返回对应位置上的最大值
```

输出结果如下。

	A 销量	B 销量
0	3	1
1	4	4

	A 销量	B 销量
0	1	5
1	2	6

	A 销量	B 销量
0	3	5
1	4	6

（2）combine_first ()函数

combine_first()函数用于合并两个数据集，并根据缺失值的情况填充数据，以确保最终数据的完整性和准确性。如果第一个 DataFrame 对象中有值为缺失值（NaN），则使用第二个 DataFrame 对象中对应索引位置和列名的值进行填充；如果第一个 DataFrame 对象中的值不是缺失值，则保留该值。

```
s1 = pd.DataFrame({'A 销量':[3, 4], 'B 销量':[1, None]}) #定义了一个 None
s1
s2 = pd.DataFrame({'A 销量':[1, 2], 'B 销量':[5, 6]})
s2
s1.combine_first(s2)
```

输出结果如下。

	A 销量	B 销量
0	3	1.0
1	4	NaN

	A 销量	B 销量
0	1	5
1	2	6

	A 销量	B 销量
0	3	1.0
1	4	6.0

5.10 Pandas 时间序列

对于金融、经济数据，时间序列是一种重要的结构化数据表现形式，如大多数经济数据以时间序列的形式给出。时间序列分析的主要目的是根据已有的历史数据对未来进行预测。根据观察时间的不同，时间序列中的时间可以是年份、季度、月份或其他任何时间形式。常用的时间序列数据形式有如下 3 种。

- 时间戳（Timestamp）。
- 时期（Period）。
- 时间间隔（Interval）。

5.10.1 时间戳

时间戳用于标识一个确切时刻的数值标记，它既可以表示整日的日期，亦可精确到给定日期的纳秒级，具体精度则依据实际应用需求而定。例如，“2022–01–01 14:59:30”是基于秒的时间戳。

（1）Timestamp()函数

Timestamp()函数用于产生单个时间戳数据。

```
import numpy as np
import pandas as pd
from datetime import datetime  #导入 datetime 模块中的 datetime 类

d1 = '2023-1-1'                #字符串
t1 = pd.Timestamp(d1)          #Timestamp()只能产生单个时间戳数据
t1                             #输出 Timestamp('2023-01-01 00:00:00')
d2 = datetime(2023,1,2)
t2 = pd.Timestamp(d2)
t2                             #输出 Timestamp('2023-01-02 00:00:00')
```

（2）to_datetime()函数

to_datetime()函数用于产生多个时间戳数据或者时间戳列表。

```
d1 = '2023-1-1'
t1 = pd.to_datetime(d1)    #产生单个时间戳数据
t1       #输出 Timestamp('2023-01-01 00:00:00')
t_lst = ['20230101', '20230102', '20230103']  #时间戳列表
t2 = pd.to_datetime(t_lst)#产生多个时间戳数据或者时间戳列表
t2       #输出 DatetimeIndex(['2023-01-01', '2023-01-02', '2023-01-03'], dtype=
'datetime64[ns]', freq=None)
```

5.10.2 时期

时期用来表示一段时间，如 2022 年 12 月、2022 年全年等。

（1）Period()函数

Period()函数用于创建具体的时期或时段。

```
p1 = pd.Period('2023-1-1', freq='A') #freq='A'，以年为周期产生时间序列
print(p1)   #输出 2023
p2 = p1.asfreq('M', how='start') #通过 asfreq()方法转换时期的周期，当年的开始月份（'M'）
print(p2)   #输出 2023-01
p3 = p1.asfreq('D', how='end')  #当年的结束日期（'D'）
print(p3)   #输出 2023-12-31
```

（2）period_range()函数

period_range()函数用于创建一个固定周期的时期范围。

```
pr1 = pd.period_range(start='2023-1-1', end='2023-6-10', freq='M') #freq='M'指定周期
为月，表示每个时间段为一个月。
pr1  # 输 出  PeriodIndex(['2023-01', '2023-02', '2023-03', '2023-04', '2023-05',
'2023-06'], dtype='period[M]')
```

5.10.3 时间间隔

时间间隔由起始时间戳和结束时间戳表示。时期可以看作时间间隔的特例。

date_range()用于产生时间集合，即一系列的时间，有点儿像 range()函数，但其形参不是整数，而是时间。

```
dr1 = pd.date_range('2023-1-1', '2023-1-7', freq='2D') #freq='2D'指定间隔为两天
dr1
dr2 = pd.date_range('2023-1-1 12:30:30', '2023-01-02', freq='3H') #freq='3H'指定间隔为 3 小时
dr2
dr3 = pd.date_range('2023-1-1', '2023-1-6', freq='M') #freq='M'指定间隔为一个月
dr3
dr4 = pd.date_range('2023-1-1 12:30:30', periods=5, freq='2h20min') #periods 用于设置时间的个数
dr4
```

输出结果如下。

```
DatetimeIndex(['2023-01-01','2023-01-03','2023-01-05','2023-01-07'], dtype='datetime64[ns]', freq='2D')
DatetimeIndex(['2023-01-01 12:30:30', '2023-01-01 15:30:30',
               '2023-01-01 18:30:30', '2023-01-01 21:30:30'],
              dtype='datetime64[ns]', freq='3H')
DatetimeIndex([], dtype='datetime64[ns]', freq='M')
DatetimeIndex(['2023-01-01 12:30:30', '2023-01-01 14:50:30',
               '2023-01-01 17:10:30', '2023-01-01 19:30:30',
               '2023-01-01 21:50:30'],
              dtype='datetime64[ns]', freq='140T')
```

5.10.4 重采样

重采样（Resampling）就是将时间序列从一个频率转换到另一个频率的处理过程。

（1）降采样

降采样（downsamling）是指将高频率的时间序列数据聚合到低频率的过程。例如，将每日采集的数据按照每月的频率进行汇总，即将高频率数据聚合成低频率数据，这就是降采样操作。在 Pandas 中，可以使用 resample()函数实现降采样操作。

```
dr = pd.date_range('2022-01-01', periods=30, freq='D')  #创建时间序列索引，以天为频率
values = np.random.randint(10, size=30)  #随机产生 30 个 0～10 的整数
values
s = pd.Series(values, index=dr)  #创建一个包含 30 个值和一个时间序列索引的数据集
s.resample('5D').sum()  #'5D'表示以 5 天为频率进行采样，返回以 5 天为周期的数据汇总
```

输出结果如下。

```
array([5, 8, 2, 2, 2, 4, 9, 0, 4, 9, 8, 1, 6, 5, 9, 3, 8, 5, 7, 1, 1, 7, 4, 3, 7, 6, 7, 4, 6, 7])
2022-01-01    19
2022-01-06    26
2022-01-11    29
2022-01-16    24
2022-01-21    22
2022-01-26    30
Freq: 5D, dtype: int32
```

用以天为周期的数据求以 5 天为周期的数据，是从高频率到低频率的聚合操作，相当于

groupby()函数按 5 天进行操作。

（2）升采样

升采样（upsampling）是指将低频率的时间序列数据转换为高频率的过程。例如，将每月采集的数据转换为每日采集的数据，即将低频率数据转换为高频率数据，这就是升采样操作。在 Pandas 中，可以使用 resample()函数实现升采样操作。

```
dr = pd.date_range('2022-12-01', periods=10)
dr
values = np.random.randint(10, size=10)  #随机产生 10 个 0～10 的整数
values
s = pd.Series(values, index=dr)
s.resample('12H').asfreq()[:5] #asfreq()会返回新频率下的结果，'12H'是以 12 小时为频率进行采样，并输出前 5 条数据
s.resample('12H').bfill()[:5]  #低频变高频会出现大量的 NaN 数据，可以指定填充数据的方式，这里 bfill()表示用 NaN 后面的值进行填充。
```

输出结果如下。

```
DatetimeIndex(['2022-12-01', '2022-12-02', '2022-12-03', '2022-12-04',
               '2022-12-05', '2022-12-06', '2022-12-07', '2022-12-08',
               '2022-12-09', '2022-12-10'],
              dtype='datetime64[ns]', freq='D')
array([6, 7, 5, 2, 5, 8, 5, 4, 4, 3])
2022-12-01 00:00:00    6.0
2022-12-01 12:00:00    NaN
2022-12-02 00:00:00    7.0
2022-12-02 12:00:00    NaN
2022-12-03 00:00:00    5.0
Freq: 12H, dtype: float64
2022-12-01 00:00:00    6
2022-12-01 12:00:00    7
2022-12-02 00:00:00    7
2022-12-02 12:00:00    5
2022-12-03 00:00:00    5
Freq: 12H, dtype: int32
```

升采样将原有的时间粒度划分得更细，所以升采样会产生缺失值，可以指定填充数据的方式来填充缺失值，这里 bfill()表示用 NaN 后面的值进行填充。

5.10.5 移动、滑动与扩展窗口

（1）移动

移动是时间序列数据中常用的一种操作，它可以沿着时间轴方向将数据进行前移或者后移，但是保持索引不变。在 Pandas 中，可以使用 shift()函数来实现数据的移动操作。

```
dr = pd.date_range('20230103', periods=5) #产生 5 个时间戳
s = pd.Series(np.random.rand(5)*10, index=dr)
s
s.shift(1)    #沿着时间轴方向移动一次，第一个值用 NaN 填充
s.shift(-1)   #沿着时间轴方向的反方向移动一次，最后一个值用 NaN 填充
```

输出结果如下。

```
2023-01-03    7.917408
2023-01-04    1.068224
2023-01-05    5.864225
2023-01-06    4.613681
2023-01-07    4.385723
Freq: D, dtype: float64
2023-01-03         NaN
2023-01-04    7.917408
2023-01-05    1.068224
2023-01-06    5.864225
2023-01-07    4.613681
Freq: D, dtype: float64
2023-01-03    1.068224
2023-01-04    5.864225
2023-01-05    4.613681
2023-01-06    4.385723
2023-01-07         NaN
Freq: D, dtype: float64
```

（2）滑动窗口

滑动窗口在时间序列分析中经常用于计算移动平均值、移动总和等指标，有助于使数据更加平稳并观察数据的趋势变化。在 Pandas 中，可以使用 rolling()函数来创建滑动窗口，并对滑动窗口中的数据进行操作。

```
dr = pd.date_range('2023-01-01', periods=5)
df = pd.DataFrame(np.arange(len(dr)), index=dr, columns=['销量'])
df['总和'] = df.销量.rolling(3).sum() #滑动窗口长度为 3，移动 3 个值，进行求和
df
```

输出结果如下。

	销量	总和
2023-01-01	0	NaN
2023-01-02	1	NaN
2023-01-03	2	3.0
2023-01-04	3	6.0
2023-01-05	4	9.0

其中，前两个值小于一个窗口的长度，因此都无法取值。

（3）扩展窗口

扩展窗口是一种在时间序列数据上执行累积操作的方法，它从序列的开头处开始，逐步扩展到序列的结尾处，每次增加一个数据点。与滑动窗口不同，扩展窗口的大小随着序列的增长而增长，直到包含整个序列为止。在 Pandas 中，可以使用 expanding()函数来创建扩展窗口，并对窗口中的数据执行累积操作。

```
dr = pd.date_range('2023-01-01', periods=5)
df = pd.DataFrame(np.arange(len(dr)), index=dr, columns=['销量'])
df['平均'] = df.销量.expanding(3).mean()    #expanding(3) 表示对销量列进行一个窗口（或扩展）
操作，其中窗口的大小为 3。
df
```

输出结果如下。

	销量	平均
2023-01-01	0	NaN
2023-01-02	1	NaN
2023-01-03	2	1.0
2023-01-04	3	1.5
2023-01-05	4	2.0

5.11 Pandas 透视表与交叉表

Pandas 中的透视表和交叉表是数据分析中强大的工具，用于数据汇总和分析。它们能够帮助用户快速了解数据之间的关系和统计信息，从而支持数据驱动的决策过程。透视表和交叉表可以根据数据的不同维度对数据进行汇总和统计，为用户提供更清晰、更全面的数据分析视角。

5-3 Pandas 透视表与交叉表

5.11.1 透视表

透视表是一种数据汇总和分析工具，它将原始 DataFrame 中的列分别作为行索引和列索引，并对指定的列应用聚合函数进行汇总。透视表类似于 groupby 操作，但比 groupby 更灵活，可以一次性指定多个索引和聚合函数。其中，index 参数用来设置行索引，values 参数用来设置聚合的列，aggfunc 参数用来指定聚合函数。

（1）指定行索引

以下示例中，通过 pivot_table()函数创建了一个透视表，其中指定“类别”和“产地”作为行索引。透视表会根据这两个索引对数据进行分组，并对“数量”和“价格”列的值进行聚合计算（默认情况下是计算均值）。这样可以更清晰地展示不同产地和类别的数量和价格统计信息。

```
df = pd.DataFrame({'类别':['水果', '水果', '水果', '蔬菜', '蔬菜', '肉类', '肉类'],
                   '产地':['美国', '中国', '中国', '中国', '新西兰', '新西兰', '美国'],
                   '水果':['苹果', '梨', '草莓', '番茄', '黄瓜', '羊肉', '牛肉'],
                   '数量':[5, 5, 9, 3, 2, 10, 8],
                   '价格':[5, 5, 10, 3, 3, 13, 20]})
df
pivot_index_df = df.pivot_table(index=['产地', '类别'], values=['数量', '价格']) #指定
'产地'、'类别'为行索引
pivot_index_df
```

输出结果如下。

	类别	产地	水果	数量	价格
0	水果	美国	苹果	5	5
1	水果	中国	梨	5	5
2	水果	中国	草莓	9	10
3	蔬菜	中国	番茄	3	3
4	蔬菜	新西兰	黄瓜	2	3
5	肉类	新西兰	羊肉	10	13
6	肉类	美国	牛肉	8	20

		价格	数量
产地	类别		
中国	水果	7.5	7
	蔬菜	3.0	3
新西兰	肉类	13.0	10
	蔬菜	3.0	2
美国	水果	5.0	5
	肉类	20.0	8

先根据“产地”列进行分组，再根据“类别”列进行分组，最后分别求“价格”和“数量”这两个数值列的平均值（默认情况下使用 mean()函数）。结果中的价格 7.5=(10+5)/2。

（2）指定列索引

以下示例中，通过 pivot_table()函数创建了一个透视表，其中指定“产地”和“类别”作为列索引。

```
pivot_column_df = df.pivot_table(columns=['产地','类别'], values=['数量', '价格'])
#指定'产地'、'类别'为列索引
pivot_column_df
```

输出结果如下。

产地	中国		新西兰		美国	
类别	水果	蔬菜	肉类	蔬菜	水果	肉类
价格	7.5	3.0	13.0	3.0	5.0	20.0
数量	7.0	3.0	10.0	2.0	5.0	8.0

结果显示，“数量”和“价格”这两个数值列的平均值计算结果并没有改变，只是交换了行索引、列索引的位置。

（3）使用聚合函数

以下示例中，通过 pivot_table()函数创建了一个透视表，其中指定了“产地”作为行索引，“类别”作为列索引，“价格”作为聚合的值。使用了 aggfunc='max'参数，表示对聚合的值使用最大值函数进行计算。同时，设置了 margins=True 参数，表示在结果中包含行和列的边际总和，以及 fill_value=0 参数，表示将缺失值填充为 0。这样可以清晰地展示不同产地和类别的最大价格，并包含了边缘汇总信息。

```
df.pivot_table(index='产地', values='价格', columns='类别', aggfunc='max',
margins=True, fill_value=0)  #values 指定'价格'为聚合的列，aggfunc 指定聚合函数为 max()
```

输出结果如下。

类别	水果	肉类	蔬菜	All
产地				
中国	10	0	3	10
新西兰	0	13	3	13
美国	5	20	0	20
All	10	20	3	20

结果是根据“产地”列进行分组，统计“价格”列的最大值，并且根据“类别”列进行区分。10 表示“产地”为中国、“类别”为水果时价格的最大值。

5.11.2 交叉表

交叉表是一种用于统计分组频率的特殊透视表工具。它将 DataFrame 对象中的两列数据进行交叉，将其中一列的值作为行索引、另一列的值作为列索引，然后统计交叉数据出现的次数。通过交叉表，我们可以快速了解不同分组下的数据频率分布情况，有助于进行数据分析和决策制定。

（1）默认使用

以下示例中，通过 crosstab()函数创建了一个交叉表，其中对“df”中的“类别”和“产地”两列进行了交叉统计。交叉表的作用是统计不同类别（“类别”列）在不同产地（“产地”列）出现的频率。

```
df = pd.DataFrame({'类别':['水果', '水果', '水果', '蔬菜', '蔬菜', '肉类', '肉类'],
                   '产地':['美国', '中国', '中国', '中国', '新西兰', '新西兰', '美国'],
                   '水果':['苹果', '梨', '草莓', '番茄', '黄瓜', '羊肉', '牛肉'],
                   '数量':[5, 5, 9, 3, 2, 10, 8],
                   '价格':[5, 5, 10, 3, 3, 13, 20]})
df
pd.crosstab(df['类别'], df['产地'], margins=True) #按'类别'分组，统计各个分组中'产地'的频率。margins=True 表示统计边际总数（各行和各列的总和）
```

输出结果如下。

	类别	产地	水果	数量	价格
0	水果	美国	苹果	5	5
1	水果	中国	梨	5	5
2	水果	中国	草莓	9	10
3	蔬菜	中国	番茄	3	3
4	蔬菜	新西兰	黄瓜	2	3
5	肉类	新西兰	羊肉	10	13
6	肉类	美国	牛肉	8	20

产地	中国	新西兰	美国	All
类别				
水果	2	0	1	3
肉类	0	1	1	2
蔬菜	1	1	0	2
All	3	2	2	7

结果显示，“类别”为“水果”时，“产地”为“中国”的数据共出现了 2 次。

（2）使用聚合函数

也可以通过指定 aggfunc 和 values 参数来改变两列交叉后的结果。这里计算“数量”这一列的总和。

```
pd.crosstab(df['类别'], df['产地'], values=df['数量'], aggfunc=np.sum,
margins=True)  #values 指定'数量'为聚合的列，aggfunc 指定聚合函数为 sum()
```

输出结果如下。

产地 类别	中国	新西兰	美国	All
水果	14.0	NaN	5.0	19
肉类	NaN	10.0	8.0	18
蔬菜	3.0	2.0	NaN	5
All	17.0	12.0	13.0	42

结果显示，“类别”为“水果”、“产地”为“中国”时，“数量”这一列的总和为 14.0。

本章习题

一、选择题

1.（单选）Pandas 的主要作用是什么？（　　）

A．图像处理　　B．数据分析　　C．网络编程　　D．前端开发

2.（单选）Pandas 中的两个主要数据结构分别是什么？（　　）

A．Array 和 Frame　　B．Series 和 Array

C．DataFrame 和 Matrix　　D．Series 和 DataFrame

3.（单选）在 Pandas 中，哪个函数用于读取 CSV 文件？（　　）

A．read_csv()　　B．load_csv()　　C．import_csv()　　D．open_csv()

4.（多选）Pandas 中的 Series 对象代表的是？（　　）

A．一维数组　　B．二维数组　　C．表格　　D．列表

5.（多选）下列哪些是 Pandas 中的数据清洗方法？（　　）

A．去重　　B．填充缺失值　　C．类型转换　　D．分组

二、判断题

1．Pandas 只能处理结构化数据，不能处理非结构化数据。（　　）

2．可以通过 Pandas 的 groupby()方法进行数据分组，然后通过聚合函数对分组后的数据进行汇总统计。（　　）

3．Pandas 的主要功能是进行图像处理和完成计算机视觉任务。（　　）

4．Series 对象中的值必须为数字类型。（　　）

5．Pandas 没有时间序列处理功能。（　　）

三、填空题

1．Pandas 提供了快速、灵活、强大的数据结构和丰富的函数、方法，能够简单、直观地处理各种复杂的数据，是 Python 数据分析的________工具。

2．Pandas 中两种常用的数据结构是________和________。

3．使用 Pandas 读取 CSV 文件的函数是________。

4．在 Pandas 中，通过调用 df.head()方法可以查看 DataFrame 对象的前几行数据，默认是前________行。

5．在 Pandas 中，使用 groupby()方法进行数据分组后，可以使用聚合函数如________、________等对分组后的数据进行统计计算。

四、计算题

1．假设有以下 DataFrame 对象，名为 sales_data，表示某公司的销售量数据。

	Month	Sales
0	1	100
1	2	150
2	3	120
3	4	180
4	5	200

请计算并输出销售量的平均值。

2．假设有以下两个 DataFrame 对象，分别为 df1 和 df2。

df1:

	ID	Score
0	1	85
1	2	90
2	3	75

df2:

	ID	Age
0	1	25
1	2	30
2	4	28

请合并这两个 DataFrame 对象，以 ID 列为键，输出合并后的结果。

实　训

统计不同季度各产品的销售额，汇总生成销售透视表。

一、实训目的

通过这个实训，读者将学会并掌握如何使用 Pandas 库进行高级数据操作，包括数据分组聚合、生成透视表等高级技巧，能更深入地从数据中获取有价值的信息，使用 Pandas 进行商务数据分析。

准备销售明细表 sales.csv，数据内容如下。

	季度	产品	销售额
0	1 季度	手机	2500
1	1 季度	电脑	3000
2	2 季度	手机	2000
3	2 季度	电脑	3500
4	3 季度	手机	3000
5	3 季度	电脑	4000

二、实训步骤。

步骤 1：导入 Pandas 库。

确保已经导入 Pandas 库。

步骤 2：读取销售明细表。

使用 Pandas 的 read_csv()函数读取 CSV 文件中的数据。

步骤 3：分组聚合。

使用 groupby()方法按季度和产品分组，求销售额总和。

步骤 4：生成透视表。

使用 pivot_table()函数生成季度产品销售透视表。

步骤 5：输出结果。

输出透视表，展示每个季度不同产品的销售规模。

第6章 Matplotlib数据绘图

Matplotlib 是 Python 最著名的绘图库之一，提供了丰富的图形绘制函数。它能灵活地生成静态、动态和交互式图表，是进行数据可视化和探索的重要工具。本章全面介绍 Matplotlib 的基础方法，图形设置技巧，折线图、散点图、柱状图、饼图等常用图表的绘制，通过大量示例使读者掌握 Matplotlib 的基本使用方法。熟练运用 Matplotlib 进行数据可视化是进行有效的数据分析和展示的关键。

【学习目标】

- 熟练掌握 Matplotlib 中图形绘制的基础方法，如 figure()、subplot()、subplots()等，能够利用它们灵活地创建并管理复杂的绘图布局。
- 熟练掌握 Matplotlib 中图形的基本设置方法，包括颜色、线型、标记的设定，以及解决中文显示问题的技巧，能够根据需求定制图形的外观。
- 熟练掌握 Matplotlib 中各类常见图表的绘制方法，包括绘制折线图、散点图、柱状图、饼图、热力图等，能够根据需求分析选择合适的图形进行数据可视化。

6.1 Matplotlib 简介

Matplotlib 是 Python 领域中流行的 2D 数据可视化库，它提供了丰富的图表绘制函数来对数据进行可视化表达，如绘制线形图、柱状图、散点图等。

Matplotlib 具有如下两个主要优势。

- 直观显示数据的特征和内在关系，使分析结果更易于理解。
- 通过清晰的图表传达数据分析结果，提高研究的说服力。

Matplotlib 提供了如下两种绘图接口。

- 基于 MATLAB 的接口：采用类似 MATLAB 的语法，通过 pyplot 模块中的函数可以直接绘制各类图表。
- 基于面向对象的接口：通过先创建 Figure 和 Axes 对象，再调用方法绘制图形，实现对图形更细致的控制。

无论采用哪种接口，Matplotlib 都使数据科学家可以方便地进行数据可视化，是 Python 数据分析的重要组成部分。

6.1.1 Matplotlib 中的对象

Matplotlib 中的所有对象都称为 Artist，大致可分为以下两类。

- 容器类：图、坐标系、坐标轴和刻度。它们之间的关系是，图中可包含若干个坐标系，坐标系中又可包含多个坐标轴，坐标轴上包含多个刻度。
- 基础类：线、点、文本、图例、网格和标题等。

6.1.2 Matplotlib 中图形的构成

Matplotlib 中的图形由多个组件构成，如图 6-1 所示。

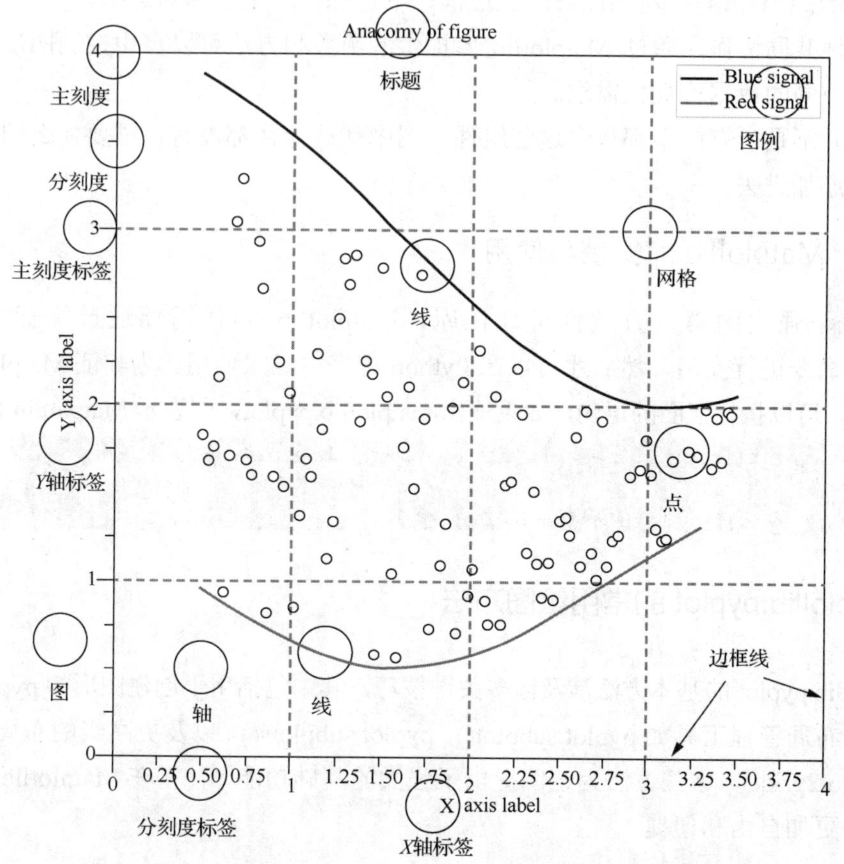

图 6-1 Matplotlib 中图形的构成

Matplotlib 图形的主要组成部分如下。

- 图（Figure）：整个图形的最外层容器，可以包含多个坐标系。
- 坐标系（Axes）：图中的坐标系，实际用于绘制数据图形的区域。

- 坐标轴（Axis）：坐标系上的轴，包括 x 轴和 y 轴，用于标示数据的范围。
- 主刻度（Major tick）：在坐标轴上用于标示刻度位置的主要刻度线。
- 分刻度（Minor tick）：在坐标轴上用于标示刻度位置的次要刻度线。
- 主刻度标签（Major tick label）：显示主要刻度值的标签。
- 分刻度标签（Minor tick label）：显示次要刻度值的标签。
- Y 轴标签（Y axis label）：Y 轴上的标签，描述 Y 轴的含义。
- X 轴标签（X axis label）：X 轴上的标签，描述 X 轴的含义。
- 线（Line）：数据的折线或曲线。
- 点（Marker）：在图中标示数据点的符号。
- 图例（Legend）：用于标示不同数据系列的图例。
- 网格（Grid）：在图上绘制的背景网格线。
- 标题（Title）：整个图形的标题。
- 边框线（Spines）：包括图形的上边框、下边框、左边框和右边框。

这些组件共同协作，通过 Matplotlib 库提供的函数和方法可以自由控制图形的外观和布局，以满足不同的数据可视化需求。

注意：并不是所有图中都包含这些组件，图中默认什么都没有，需要什么调用相应的方法即可将其添加进去。

6.1.3 Matplotlib 库安装与使用

作为一个强大的第三方数据可视化库，Matplotlib 同样需要通过执行“pip install matplotlib”命令进行安装，然后才可以在 Python 程序中导入使用。为验证 Matplotlib 是否已经安装成功，可以执行下面的语句，如果输出 matplotlib.pyplot，则表示 Matplotlib 已正确安装。

```
import matplotlib.pyplot as plt #导入 matplotlib.pyplot 模块，并使用 plt 作为它的别名

plt.__name__    #输出 matplotlib.pyplot
```

6.2 matplotlib.pyplot 的常用绘图方法

matplotlib.pyplot 的基本方法涉及诸多关键技巧，其中包括用于创建图形的 pyplot.figure()，灵活的子图布局管理工具如 pyplot.subplot()、pyplot.subplots()，以及更高级的布局控制方法如 pyplot.subplot2grid()。这些方法为绘图提供了强大的基础功能，使得在 Matplotlib 中进行数据可视化变得更加自由和便捷。

6.2.1 绘图方法

pyplot 是 Matplotlib 的子库，提供了和 MATLAB 类似的绘图 API。它是常用的绘图模块，能让用户方便地绘制 2D 图表。pyplot 包含一系列绘图方法，每个方法会对当前的图进行一些修改，如给图加上标记、生成新的图形、在图中生成新的绘图区域等，如表 6-1 所示。

表 6-1 matplotlib.pyplot 的基本绘图方法

方法	说明	方法	说明
figure()	创建一个新图或画布	axis()	设置坐标轴的取值范围
subplot()	在当前图中添加一个子图	xlim()、ylim()	分别用于设置 x 轴、y 轴取值范围
show()	显示图	arrow()	绘制一个箭头
savefig()	保存图	step()	绘制阶梯图
xlabel()	设置 x 轴标签	imshow()	绘制热力图
ylabel()	设置 y 轴标签	subplots_adjust()	调整子图之间的距离
legend()	设置图例	plot()	绘制线形图
title()	设置子图的标题	bar()	绘制柱状图
suptitle()	设置整个图的标题	hist()	绘制直方图
text()	在图中添加文本	scatter()	绘制散点图
annotate()	添加标注	pie()	绘制饼图
grid()	显示网格	boxplot()	绘制箱线图

6.2.2 pyplot.figure()

figure()方法的定义如下。

```
figure(num=None, figsize=None, dpi=None, facecolor=None, edgecolor=None, frameon=True, FigureClass=Figure, clear =False, **kwargs)
```

该方法中参数的详细说明如下。

- num：如果没有传值，则采用自增值，可通过 number 属性访问；如果传递整数，则会检查是否存在对应的图，存在则直接返回，否则创建新的图；如果传递字符串，则将之设置为窗口的标题。数据类型为整数或字符串，可选。
- figsize：图的宽、高值，数据类型为浮点型元组，可选。单位为英寸，默认为[6.4, 4.8]。
- dpi：分辨率，默认为 100。数据类型为整数，可选。
- facecolor：背景颜色，默认为白色。
- edgecolor：边框颜色，默认为白色。
- frameon：是否绘制边框和背景，默认为 True。
- FigureClass：图对应的类。
- clear：是否清空画布，默认为 False，设置为 True 且图已存在时会清空已有内容。
- **kwargs：其他参数，如线条宽度。

figure()方法的返回值是一个 Figure 对象，它代表绘图使用的画布，可以基于画布来创建绘图使用的坐标系，可以同时创建和显示多个图（figure）。

```
plt.figure(figsize=(8, 4), dpi=120, facecolor='darkgray')
```

6.2.3 pyplot.subplot()

如果想在同一个图中绘制多个坐标系，可多次调用 subplot()方法，每次调用时都会在当前图中添加一个子图，返回一个坐标系对象。subplot()方法的定义如下。

```
subplot (*args, **kwargs)
subplot (nrows, ncols, index, **kwargs)  # 方式一：可变参数，传递 3 个整数
subplot (pos, **kwargs)  # 方式二：可变参数，传递 1 个 3 位整数
```

该方法中参数的详细说明如下。

- *args：可变参数，可传递 3 个整数。在方式一中，它们分别表示行数（nrows）、列数（ncols）以及当前位置（index），此时将当前图划分为 nrows * ncols 网格；也可传递一个 3 位整数 pos，即方式二，第 1 位表示行数、第 2 位表示列数、第 3 位表示当前位置，此时要求所有数字都小于 10。子图的位置左上角为 1，从左到右、从上到下递增。多次调用 subplot() 方法，会在对应位置添加新内容，如果该位置上已有内容则覆盖。每次画图前需要指定位置，默认会执行 subplot(1,1,1)。
- **kwargs：其他参数，如可以通过 projection 指定坐标系类型、通过 polar 指定是否为极坐标、通过 sharex 或 sharey 指定共享 x 轴或 y 轴坐标等。例如，下面的代码将整个图划分为 2 行 2 列 4 个区域。

```
import matplotlib.pyplot as plt

fig=plt.figure(figsize=(8,8))
plt.subplot(2, 2, 1)
plt.subplot(2, 2, 2, polar=True) #极坐标
plt.subplot(2, 2, 3, projection='polar') #极坐标
plt.subplot(2, 2, 4)
plt.show()
```

输出结果如图 6-2 所示。

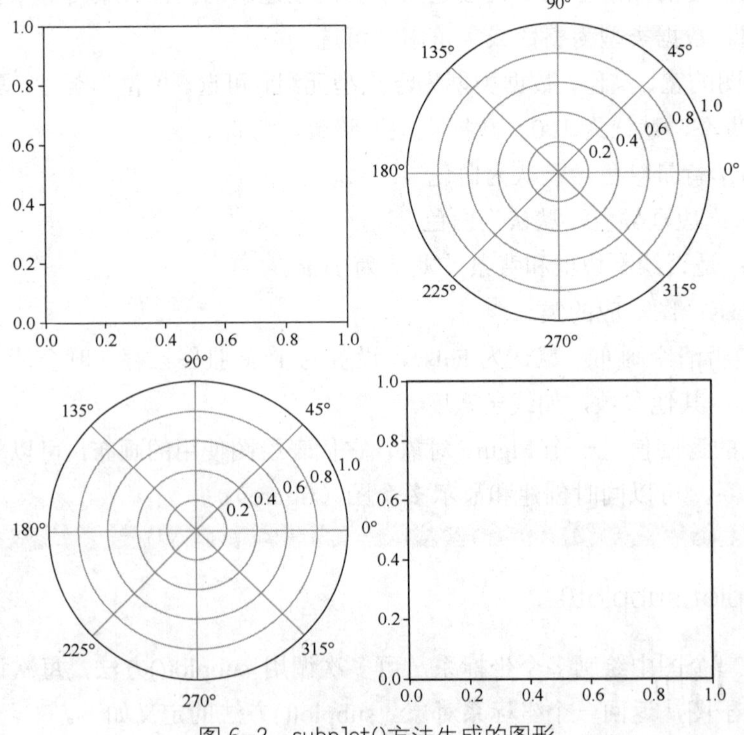

图 6-2　subplot()方法生成的图形

6.2.4 pyplot.subplots()

6-1 pyplot.subplots()

subplots()方法的使用方法和 subplot()方法类似。其不同之处在于，subplots()方法既创建一个包含子图区域的画布，又创建一个 Figure 对象，而 subplot()方法只是创建一个包含子图区域的画布。下面创建一个 2 行 2 列的子图，并在每个子图中显示不同的图形。

```
fig, ax = plt.subplots(2, 2)
# 第一行的左图
ax[0][0].bar(['C', 'C++', 'Java'], [12, 34, 45], color='r')
# 第一行的右图
ax[0][1].bar(['Cat', 'Dog', 'Bird', 'Fish'], [22, 33, 14, 56], color='g')
# 第二行的左图
ax[1][0].plot(["Mon", "Tues", "Wed", "Thur", "Fri", "Sat", "Sun"], [25, 40, 35, 30,
42, 66, 20])
# 第二行的右图
ax[1][1].plot(["A", "B", "C"], [22, 23, 13])
plt.show()
```

输出结果如图 6-3 所示。

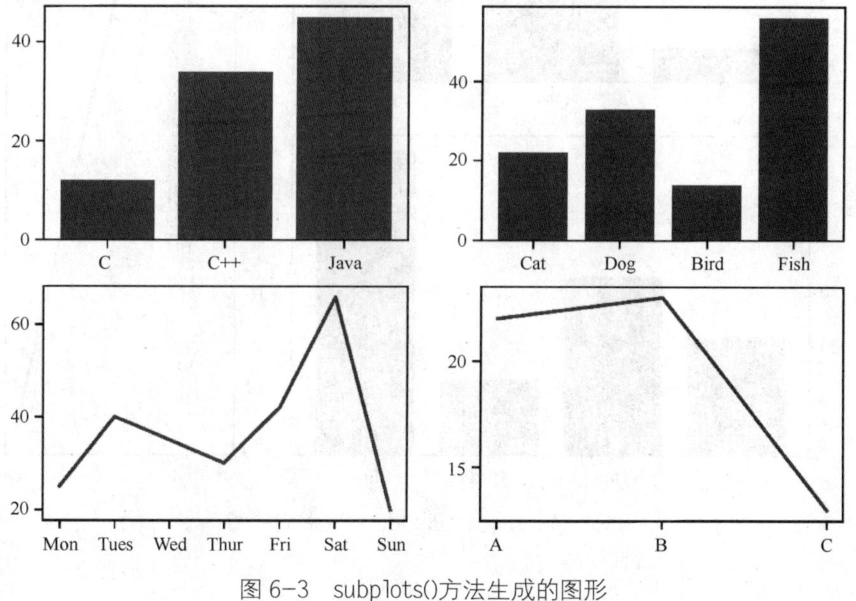

图 6-3 subplots()方法生成的图形

6.2.5 pyplot.subplot2grid()

subplot2grid()方法能够在画布的特定位置创建 Axes 对象（即绘图区域）。不仅如此，它还可以使用不同数量的行、列来创建跨度不同的绘图区域。与 subplot() 和 subplots()方法不同，subplot2gird()方法以非等分的形式对画布进行切分，并按照绘图区域的大小来展示最终绘图结果。

subplot2grid(shape, location, rowspan, colspan)的参数说明如下。

- shape：把该参数值规定的网格区域作为绘图区域。
- location：在给定的位置绘制图形，初始位置(0,0)表示第 1 行第 1 列。
- rowsapan：用来设置让子图跨越几行。
- colspan：用来设置让子图跨越几列。

```
#左上的图
plt.subplot2grid((3, 3), (0, 0), colspan = 2)
plt.bar(['C', 'C++', 'Java'], [12, 34, 45], color='r')
#左下的图
plt.subplot2grid((3, 3), (1, 0), rowspan=2, colspan=2)
plt.bar(['Cat', 'Dog', 'Bird', 'Fish'], [22, 33, 14, 56], color='g')
#右侧的图
plt.subplot2grid((3, 3), (0, 2), rowspan=3)
plt.plot(["A", "B", "C"], [22, 23, 13])
#调整子图间距
plt.tight_layout()
plt.show()
```

输出结果如图 6-4 所示。

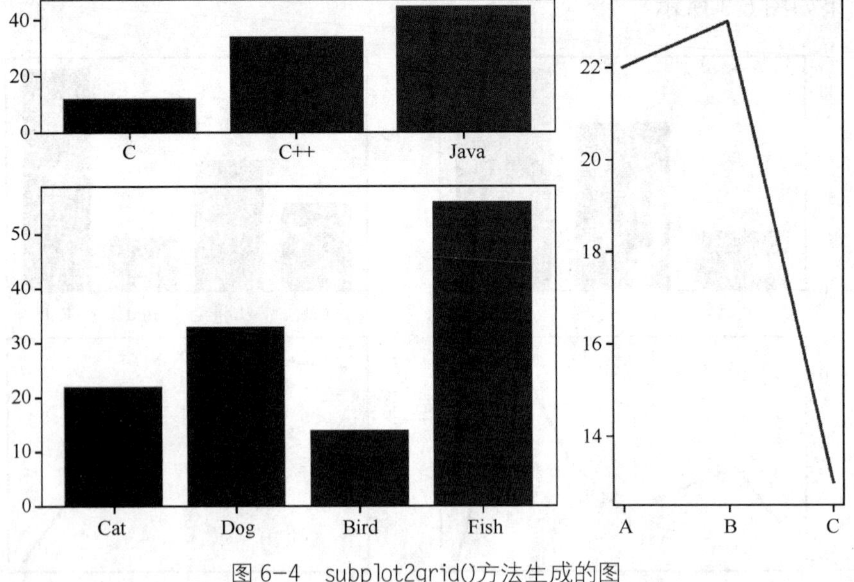

图 6-4　subplot2grid()方法生成的图

6.3　图形的基本设置

图形的基本设置涵盖常用的颜色、线型和标记的设置，以及中文显示问题的处理和负数显示的技巧。通过这些设置，用户可以轻松地定制图形外观，从而更好地展示数据和结果。

6.3.1　常用的颜色、线型和标记

在绘图时，我们通常需要设置颜色字符、风格字符和标记字符等，这些字符可以组合使用。

（1）颜色字符

颜色字符及说明如表 6-2 所示。

表 6-2 颜色字符及说明

颜色字符	说明	颜色字符	说明
'b'	蓝色（blue）	'y'	黄色（yellow）
'g'	绿色（green）	'k'	黑色（black）
'r'	红色（red）	'w'	白色（white）
'c'	青绿色（cyan）	'#××××××'	RGB 颜色值字符串，如'#008000'
'm'	洋红色（magenta）	'×.×'	灰度值字符串，如'0.8'

（2）风格字符

风格字符及说明如表 6-3 所示。

表 6-3 风格字符及说明

风格字符	说明
'-'	实线（solid）
'--'	虚线（dashed）
'-.'	点画线（dash_dot）
':'	点线（dotted）
'None'	无线条（draw nothing）
' '	无线条
''	无线条

（3）标记字符

标记字符及说明如表 6-4 所示。

表 6-4 标记字符及说明

标记字符	说明	标记字符	说明	标记字符	说明
'.'	点	'1'	下花三角	'h'	竖六边形
','	像素标记（极小点）	'2'	上花三角	'H'	横六边形
'o'	实心圈	'3'	左花三角	'+'	加号
'v'	倒三角	'4'	右花三角	'x'	乘号
'^'	上三角	's'	正方形	'D'	菱形
'>'	右三角	'p'	五边形	'd'	瘦菱形
'<'	左三角	'*'	星形	'|'	垂直线

6.3.2 中文显示及负数显示

pyplot 默认不支持中文显示，但可采用两种解决方案。

- 修改 rcParams['font.family']属性，从而更改整个图中的字体。
- 在需要显示中文的位置添加一个属性 fontproperties（后文提及），此时仅对特定部分进行修饰，而不影响其他位置的字体。

其中，rcParams 中关键的属性如表 6-5 所示。

表 6-5　rcParams 中关键的属性

属性名	含义	默认值
axes.facecolor	坐标系的背景颜色	white
axes.edgecolor	坐标系的边框颜色	black
axes.linewidth	轴线粗细	0.8
axes.spines.right	是否绘制右边的轴线	True
axes.unicode_minus	Unicode 编码的减号	True
figure.dpi	图的分辨率	100.0
figure.figsize	图的大小，单位为英寸	[6.4,4.8]
figure.subplot.hspace	子图之间的竖直间距	0.2
figure.subplot.vspace	子图之间的水平间距	0.2
font.size	文字大小	10
font.style	文字格式	normal
font.family	字体	[‘sans-serif’]
lines.linewidth	线条粗细	1.5
lines.markersize	线中标记大小	6.0
savefig.format	图保存的格式	png

其中，常见中文字体的种类如表 6-6 所示。

表 6-6　常见中文字体的种类

中文字体	说明	中文字体	说明
'SimHei'	黑体	'YouYuan'	幼圆
'Kaiti'	楷体	'STSong'	华文宋体
'LiSu'	隶书	'SimSun'	宋体
'FangSong'	仿宋		

6.4 Matplotlib 绘图实战

在 Matplotlib 绘图中，常用的图表包括展示数据变化趋势的折线图、展示变量间相关性的散点图、对比不同类别数据的柱状图、表示分类占比关系的饼图、展示数据分布的直方图、辅助判断异常情况的箱线图，及呈现数据之间相关性的热力图等。

6.4.1 折线图

折线图是一种常用的数据趋势分析图表，它以折线的方式显示变量随时间或其他变量变化的趋势。在 Matplotlib 中，可以通过 pyplot 模块的 plot()方法绘制折线图。

绘制折线图时，需要准备时间或其他自变量的数据，以及这一时序下的因变量数据，将这些自变量和因变量数据传入 plot()方法即可生成折线图。

（1）单一折线图

单一折线图是数据分析中常用的一种图形，用于显示一组数据随时间或其他变量的变化趋势。单一折线图由两条坐标轴构成，x 轴表示时间或其他变量，y 轴表示相应的因变量。数据点连接起来形成折线，折线的变化趋势可以反映数据的变化趋势。

```
import pandas as pd
import matplotlib.pyplot as plt
import xlrd

#修改 Matplotlib 的全局参数来实现中文和负号的正常显示
plt.rcParams['font.family'] = 'simsun'
plt.rcParams['axes.unicode_minus'] = False

#设置图框的大小
fig = plt.figure(figsize=(6.4, 4.8))

#读取需要绘图的数据
df = pd.read_excel(r'data/user_analysis.xlsx') #需要安装旧版 xlrd 以支持.xlsx 文件
df.dropna(axis=0)

#绘图
plt.plot(df['时间'], #x 轴数据
         df['新关注人数'], #y 轴数据
        )

#设置刻度文字大小
plt.xticks(fontproperties='Times New Roman', size=10)
plt.yticks(fontproperties='Times New Roman', size=10)

#添加标题和坐标轴标签
plt.title('公众号每天新增用户数', fontsize=11)
plt.xlabel('日期', fontsize=11)
plt.ylabel('新增人数', fontsize=11)
fig.autofmt_xdate(rotation=45)

#显示图形
plt.show()
```

输出结果如图 6-5 所示。

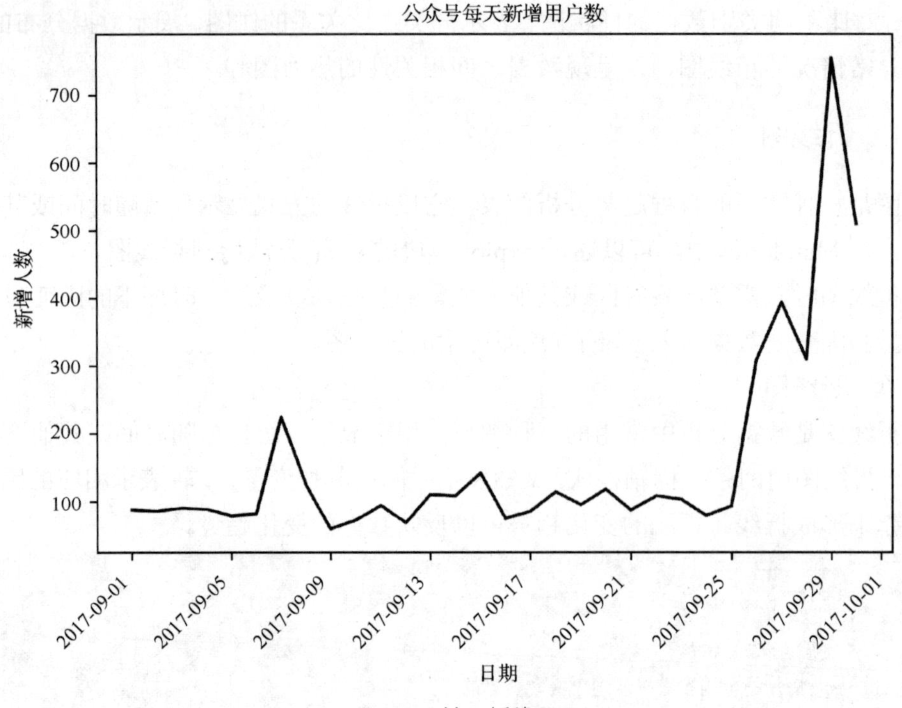

图 6-5　单一折线图

（2）多个折线图

多个折线图用于显示多组数据随时间或其他变量的变化趋势。多个折线图由多条坐标轴构成，每条坐标轴表示一组数据。数据点连接起来形成多条折线，这些折线的变化趋势可以反映多组数据的变化趋势。

```
import pandas as pd
import matplotlib.pyplot as plt
import xlrd

#修改 Matplotlib 的全局参数来实现中文和负号的正常显示
plt.rcParams['font.family'] = 'simsun'
plt.rcParams['axes.unicode_minus'] = False

#设置图框的大小
fig = plt.figure(figsize=(6.4, 4.8))

#读取需要绘图的数据
df = pd.read_excel(r'data/user_analysis.xlsx') #需要安装旧版 xlrd 以支持.xlsx 文件
df.dropna(axis=0)

#绘图
plt.plot(
        df['新关注人数'],    #y 轴数据，省略掉了 x 轴数据
        marker='o',         #点的形状
        markersize=5,       #点的大小
        markerfacecolor='mediumpurple' #点的填充色
       )
```

```
    plt.plot(
            df['取消关注人数'], #y 轴数据，省略掉了 x 轴数据
            marker='o',   #点的形状
            markersize=5, #点的大小
            markerfacecolor='orangered' #点的填充色
    )

    #设置刻度文字大小
    plt.xticks(fontproperties='Times New Roman', size=10)
    plt.yticks(fontproperties='Times New Roman', size=10)

    #添加标题和坐标轴标签
    plt.title('公众号每天新增用户数', fontsize=11)
    plt.xlabel('日期', fontsize=11)
    plt.ylabel('新增人数', fontsize=11)
    fig.autofmt_xdate(rotation=45)

    plt.show()
```

输出结果如图 6-6 所示。

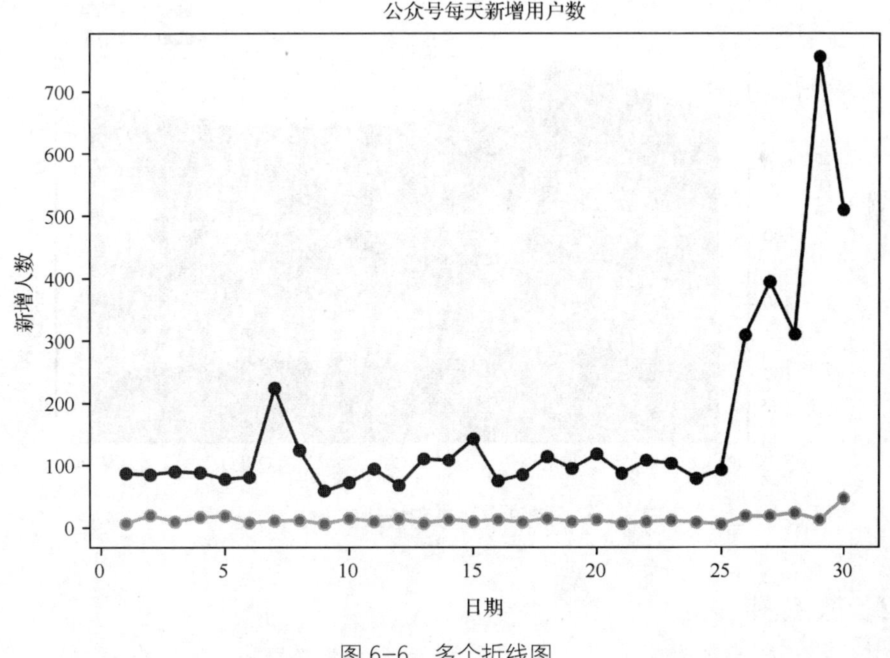

图 6-6　多个折线图

（3）堆积折线图

堆积折线图用于显示多组数据随时间或其他变量的变化趋势，并强调各组数据之间的累积关系。堆积折线图由多条折线构成，每条折线表示一组数据，折线的变化趋势可以反映数据的变化趋势。

堆积折线图的实现步骤与多个折线图的实现步骤基本相同，主要区别在于绘图时需要传入多个数据集，并使用 plt.stackplot()方法绘制。

```
plt.rcParams['font.family'] = 'simsun'
plt.rcParams['axes.unicode_minus'] = False
fig = plt.figure(figsize=(6.4,4.8))

df = pd.read_excel(r'data/mobile_phone.xlsx')

plt.xticks(size=10)
plt.yticks(fontproperties='Times New Roman', size=10)
plt.xlabel('品牌')
plt.ylabel('销量/台')
plt.ylim(0, 1500)
plt.title('手机总销量趋势图', fontsize=11)
plt.stackplot(df['品牌'], df['6月'], df['7月'], df['8月'], df['9月'])
plt.legend(['6月销量', '7月销量', '8月销量', '9月销量'])
plt.show()
```

输出结果如图 6-7 所示。

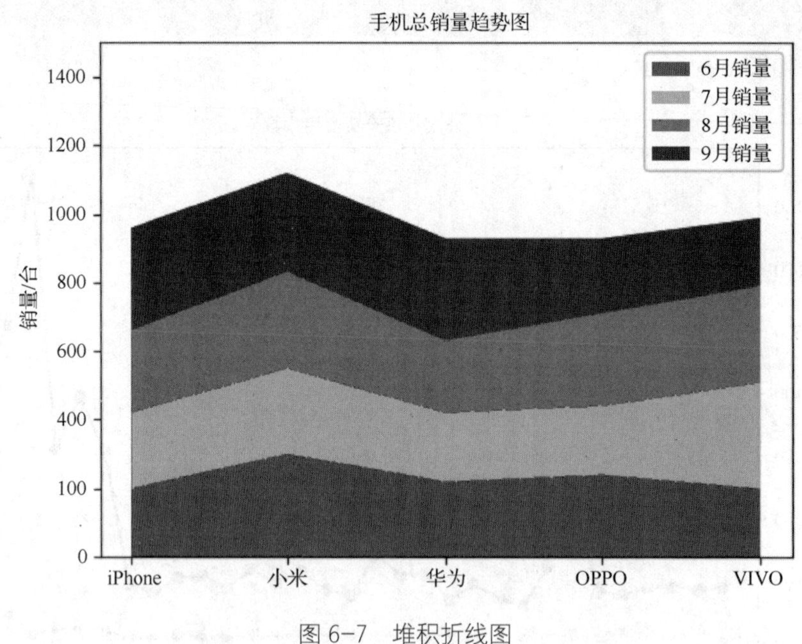

图 6-7　堆积折线图

6.4.2　散点图

散点图是一种常用的相关性分析图表，它使用散点的位置来展示变量之间的关系。在 Matplotlib 中，可通过 pyplot 的 scatter()方法绘制散点图。绘制散点图时，需要提供变量的数据，将其作为图中的点的坐标。通过观察点的分布和聚集情况，可以判断变量之间是否存在相关性。如果数据点大致呈现出某种趋势，还可以选择合适的方法进行拟合。

（1）一般散点图

一般散点图由两条坐标轴构成，x 轴表示一组数据，y 轴表示另一组数据。数据点的坐标表示两组数据之间的关系。

```
import pandas as pd
import numpy as np
import matplotlib.pyplot as plt
import xlrd

plt.rcParams['font.family'] = 'simsun'
plt.rcParams['axes.unicode_minus'] = False
fig = plt.figure(figsize=(6.4, 4.8))

age = [34, 40, 37, 30, 44, 36, 32, 26, 32, 36]                #年龄
income = [350, 450, 169, 189, 183, 80, 166, 120, 75, 40]      #收入
sales = [123, 114, 135, 139, 117, 121, 133, 140, 133, 133]    #销售额

plt.scatter(age,
            sales,
            s=income, #相当于设置点的大小（进而也可以实现气泡图）
            c=np.random.randint(0, 50, 10), #颜色是随机值
            marker='o',          #设置点的形状
            alpha=0.9,           #设置点的透明度
            linewidths=0.3,      #设置散点边界的粗细
            edgecolors='red'     #设置散点边界的颜色
            )

plt.xticks(fontproperties='Times New Roman', size=10)
plt.yticks(fontproperties='Times New Roman', size=10)

plt.title('年龄、收入和销售额这三者之间的关系', fontsize=11) #定制图表的标题
plt.xlabel('年龄/岁', fontsize=11)
plt.ylabel('销售额/万元', fontsize=11)
plt.show()
```

输出结果如图 6-8 所示。

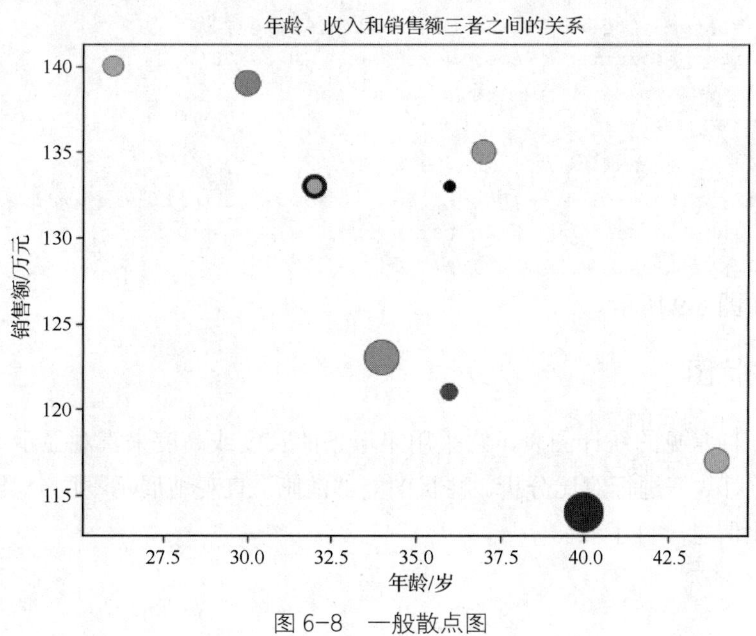

图 6-8　一般散点图

图 6-8 的结果显示，随着用户年龄增加，超市的销售额逐渐下降；同时，随着用户收入增加，销售额也呈现下降趋势。这一现象的原因可能包括：中老年人消费水平较低，倾向于购买便宜商品；高收入用户群体在本超市消费较少；而本超市的主流用户群体是发展中的年轻人，他们更偏好年轻化、平民化的商品。

基于以上分析，提出以下营销建议：首先，宣传推广活动应针对 25～35 岁收入中等的年轻白领群体展开，以提升销售额；其次，继续优化商品结构，强化年轻化、平民化定位，满足主要目标用户的需求；最后，通过社交媒体等渠道加大对年轻人的营销力度，以促进销售增长。

（2）分组散点图

分组散点图是一般散点图的扩展，用于显示同一组数据在不同组别之间的关系。分组散点图由两条坐标轴构成，x 轴表示一组数据，y 轴表示另一组数据。数据点的坐标表示数据之间的关系，点的颜色或形状表示数据所在的组别。

分组散点图的实现步骤与一般散点图的实现步骤基本相同，主要区别在于绘图时需要先将数据分组，然后使用不同的颜色或形状绘制不同组别的数据点。

```
plt.rcParams['font.family'] = 'simsun'
plt.rcParams['axes.unicode_minus'] = False
fig = plt.figure(figsize=(6.4, 4.8))

df = pd.read_excel(r'data/next_budget.xlsx')
men = df[df['gender'] == '男性']
women = df[df['gender'] == '女性']
colors = ['steelblue', 'red']  #设置颜色列表
plt.scatter(men['age'], men['next_budget'], s=35, c=colors[0], label='男性')
plt.scatter(women['age'], women['next_budget'], s=35, c=colors[1], label='女性')

plt.xticks(fontproperties='Times New Roman', size=10)
plt.yticks(fontproperties='Times New Roman', size=10)
plt.title('年龄与下一辆车的预算的关系', fontsize=11)
plt.xlabel('年龄/岁', fontsize=11)
plt.ylabel('下一辆车的预算/万元', fontsize=11)
plt.tick_params(top=False, right=False) #设置绘图区边框线上的刻度线是否显示
plt.legend(loc='upper right', fontsize=11)
plt.show()
```

输出结果如图 6-9 所示。

6.4.3 柱状图

柱状图是一种常见的统计图表，它采用矩形条的长度或高度来直观显示不同类别数据的数值大小，便于对数据进行对比分析。柱状图能够清晰、直观地展示不同分类间的数据差异，使得重要的对比信息一目了然。

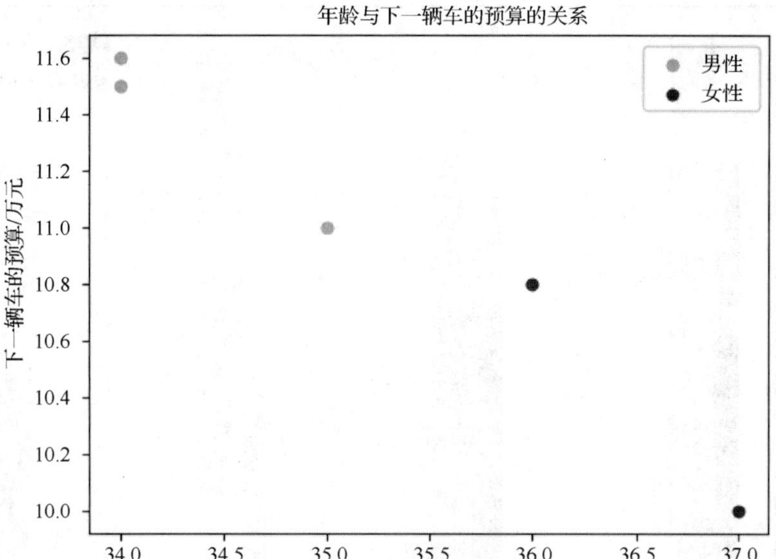

图 6-9　分组散点图

在 Matplotlib 中，可以利用 pyplot 模块的 bar()方法绘制竖直方向的柱状图，用 barh()方法绘制水平方向的柱状图。使用这些方法时，需要先准备不同类别的数据，然后将不同类别及对应数值传入方法。

```
plt.rcParams['font.family'] = 'simsun'
plt.rcParams['axes.unicode_minus'] = False
fig = plt.figure(figsize=(6.4, 4.8))

x = np.arange(4)
y1 = np.random.randint(20, 50, 4)
y2 = np.random.randint(10, 60, 4)

# 通过横坐标的偏移让两组数据对应的矩形条分开
# width 参数控制矩形条的粗细，label 参数为矩形条添加标签
plt.bar(x-0, y1, width=0.2, label='销售 A 组')
plt.bar(x+0.1, y2, width=0.2, label='销售 B 组')

# 设置刻度文字大小
plt.xticks(fontproperties='Times New Roman', size=10)
plt.yticks(fontproperties='Times New Roman', size=10)

# 定制横轴的刻度
plt.xticks(x, labels=['Q1', 'Q2', 'Q3', 'Q4'])
plt.xlabel('季度', fontsize=11)
plt.ylabel('销售额/万元', fontsize=11)
# 定制显示图例
plt.legend(fontsize=11)
plt.show()
```

输出结果如图 6-10 所示。

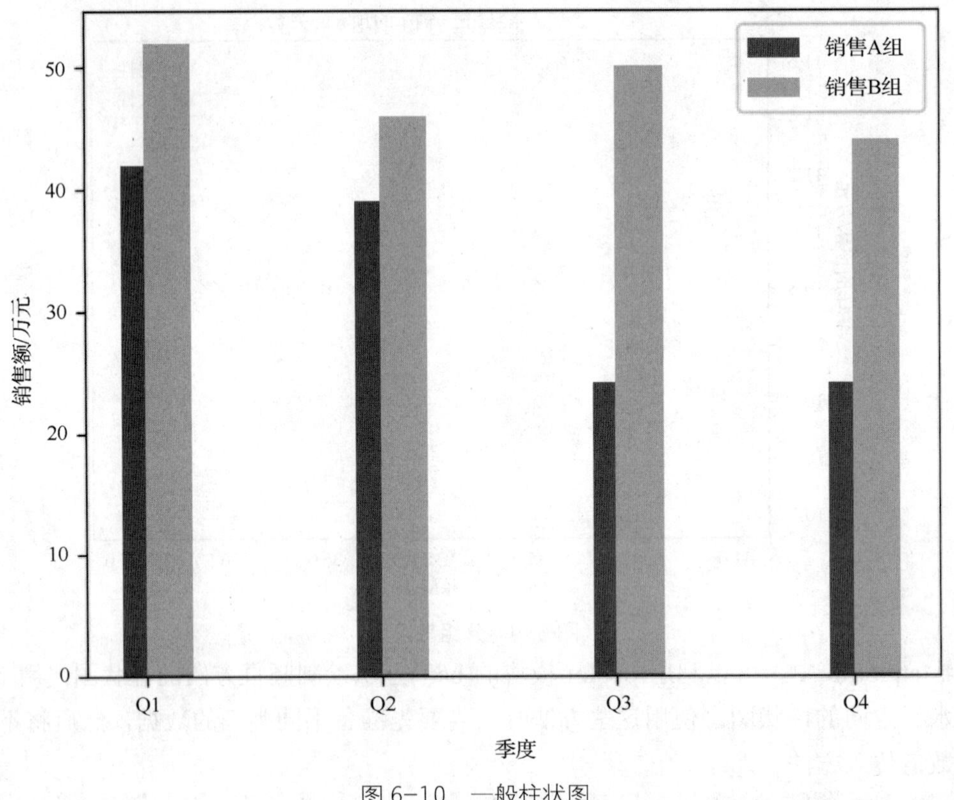

图 6-10　一般柱状图

如果想绘制堆叠柱状图，可以对上面的代码稍做修改，如下所示。

```
plt.rcParams['font.family'] = 'simsun'
plt.rcParams['axes.unicode_minus'] = False
fig = plt.figure(figsize=(6.4, 4.8))

x = np.arange(4)
y1 = np.random.randint(20, 50, 4)
y2 = np.random.randint(10, 60, 4)

labels = ['Q1', 'Q2', 'Q3', 'Q4']
plt.bar(labels, y1, width=0.4, label='销售 A 组')
#注意：堆叠柱状图的关键是将之前的矩形条作为新矩形条的底部
#可以通过 bottom 参数指定底部数据，新矩形条绘制在底部数据之上
plt.bar(labels, y2, width=0.4, bottom=y1, label='销售 B 组')

plt.xticks(fontproperties='Times New Roman', size=10)
plt.yticks(fontproperties='Times New Roman', size=10)
plt.xlabel('季度', fontsize=11)
plt.ylabel('销售额/万元', fontsize=11)
plt.legend(loc='lower right', fontsize=11)
plt.show()
```

输出结果如图 6-11 所示。

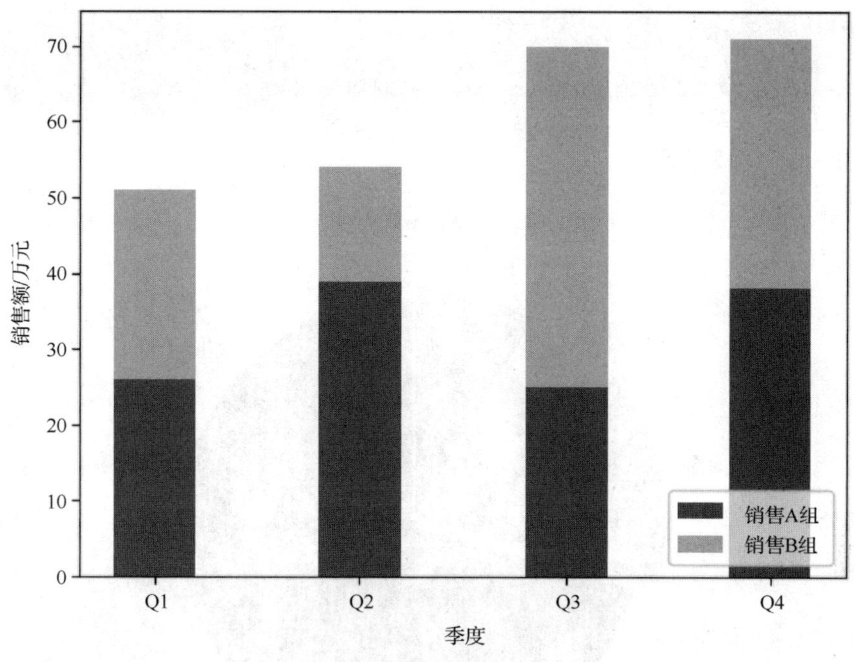

图 6-11 堆叠柱状图

6.4.4 饼图

饼图是一种常用的分类比例分析图表，它采用不同大小的扇形切片来表示不同类别的数据占总体的比例。在 Matplotlib 中，可以通过 pyplot 模块的 pie()方法绘制饼图。

绘制饼图需要准备分类和对应数量的数据，传入 pie()方法即可生成表示各类别占比的饼图。相比于直接比对数值，饼图可更直观地呈现整体中各分类的占比情况。

```
plt.rcParams['font.family'] = 'simsun'
plt.rcParams['axes.unicode_minus'] = False
fig = plt.figure(figsize=(6.4, 4.8))

data = np.random.randint(100, 500, 7)
labels = ['裙子', '毛衣', '牛仔裤', 'T 恤', '袜子', '配件', '短裤']

plt.pie(
    data,
    autopct='%.1f%%',        #自动显示百分比
    radius=1,                #饼图的半径
    pctdistance=0.8,         #百分比到圆心的距离
    colors=np.random.rand(7, 3),         #颜色（随机生成）
    explode=[0.05, 0, 0.1, 0, 0, 0, 0], #分离距离
    startangle=90,      #起始绘制角度，默认图是从 x 轴正方向以逆时针画起，如果设定为 90 则从 y 轴以顺时针方向画起
    # shadow=True,     #阴影效果
    textprops=dict(fontproperties='simsun', fontsize=8, color='black'),    #字体属性
    # wedgeprops=dict(linewidth=1, width=0.65),    #楔子属性（生成环状饼图的关键，加上之后变成环状图），width 为环的宽度
```

```
    labels=labels  #标签
)
plt.title('服装销售额占比', fontsize=11)  #定制图表的标题
plt.show()
```

输出结果如图 6-12 所示。

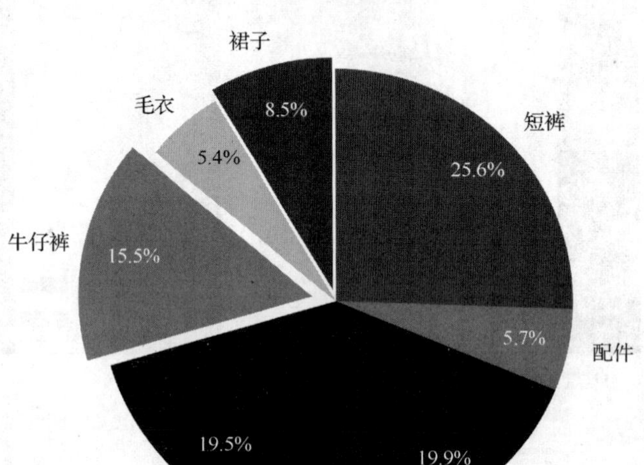

图 6-12 饼图

6.4.5 直方图

直方图是一种常用的数据分布分析图表，它使用矩形条的面积来表示数据集中在各数值范围内的数据。在 Matplotlib 中，可以通过 pyplot 的 hist()方法绘制直方图。

绘制直方图时，需要提供一个一维数据集，此外还需要指定组距将数据分成数值范围。hist()方法会统计落在各组距内的数据频次，并绘制出对应的直方图。观察直方图的形状，可以明确地判断数据的分布特征，如中心趋势、分布区间、对称性等。相比于柱状图，直方图更适用于连续型数据的分布情况分析。

（1）年龄分布图

```
plt.rcParams['font.family'] = 'simsun'
plt.rcParams['axes.unicode_minus'] = False
fig = plt.figure(figsize=(6.4, 4.8))

population_ages = [22, 55, 62, 45, 21, 22, 34, 42, 42, 4, 99, 42, 60, 70, 31, 32, 20, 41, 45, 52, 80, 75, 65, 54, 44, 43, 42, 48]
bins = [20, 30, 40, 50, 60, 70, 80, 90, 100]
plt.hist(
        population_ages,
        bins=bins,          #指定直方图的矩形条数
        color='green',      #指定填充色
        edgecolor='k',      #指定直方图的边界色
        density=False,
        weights=None,
```

```
        cumulative=False,
        histtype='bar',
        align='mid',
        orientation='vertical'
)

plt.xticks(fontproperties='Times New Roman', size=10)
plt.yticks(fontproperties='Times New Roman', size=10)
plt.xlabel('年龄范围/岁', fontsize=11)    #设置横轴标签
plt.ylabel('数量', fontsize=11)           #设置纵轴标签
plt.legend(['年龄'], fontsize=11)         #生成图例
plt.title('年龄分布图', fontsize=11)      #设置图标题
plt.show()
```

输出结果如图 6-13 所示。

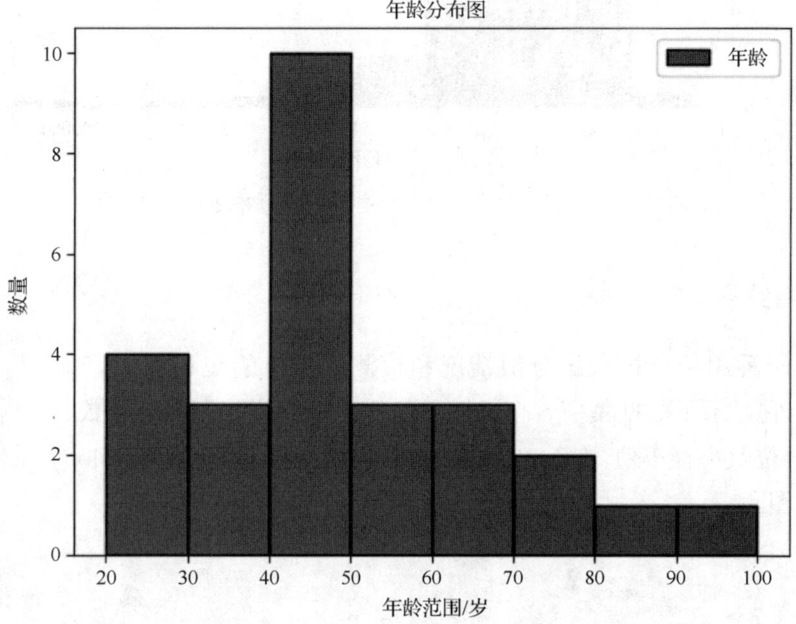

图 6-13 直方图 1-年龄分布图

（2）二手房价分布图

```
plt.rcParams['font.family'] = 'simsun'
plt.rcParams['axes.unicode_minus'] = False
fig = plt.figure(figsize=(6.4, 4.8))
df = pd.read_excel(r'data/house_data.xlsx') #读取数据
df['均价'].plot(kind='hist', color='blue', legend=True, edgecolor='k', title='二手房每平方米均价分布直方图')
plt.xlabel('均价/元')
plt.ylabel('计数')
plt.show()
```

输出结果如图 6-14 所示。

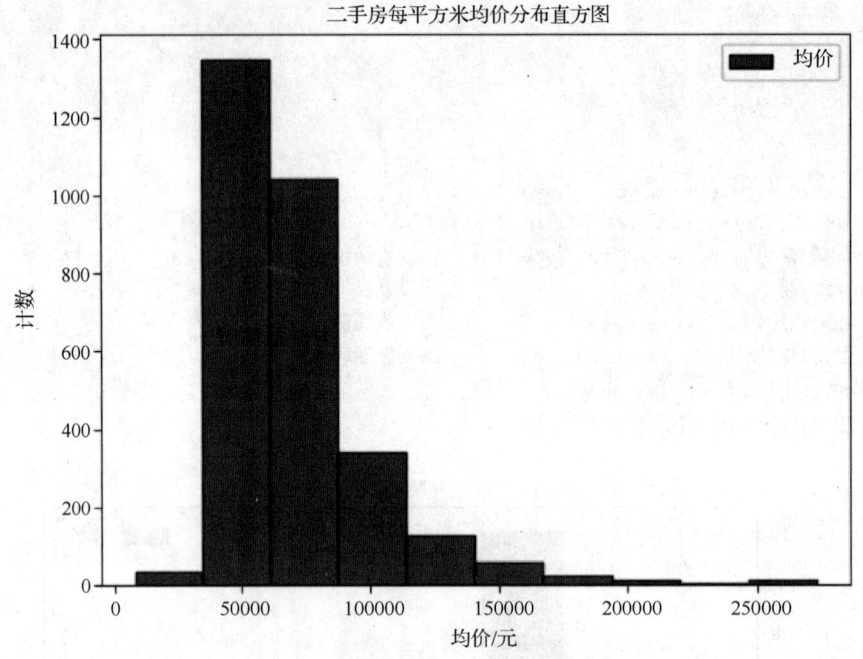

图 6-14 直方图 2-二手房价分布图

6.4.6 箱线图

箱线图是一种用于分析数据分散情况和检测异常值的统计图表，如图 6-15 所示。它显示了数据集中 5 个关键量的值：极大值、上四分位数、中位数、下四分位数和极小值。在 Matplotlib 中，可以通过 pyplot 的 boxplot() 方法绘制箱线图。

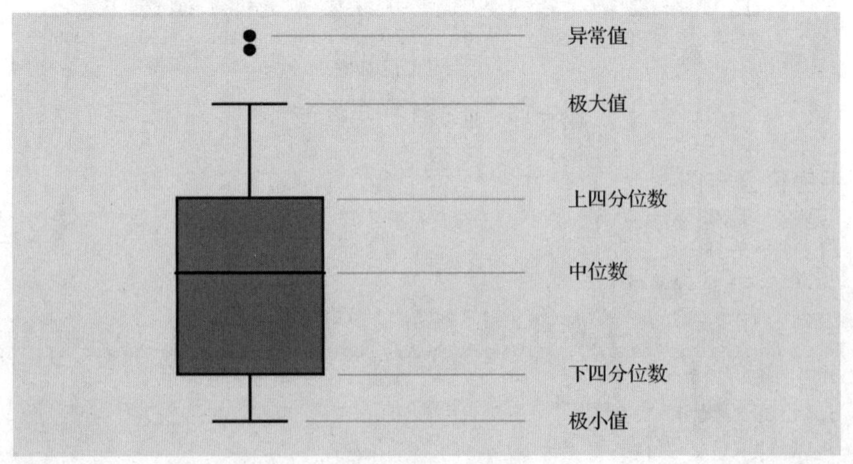

图 6-15 箱线图

箱线图将数据分为 4 个四分位数，通过箱体展示中间 50%数据的分布，通过线段显示上、下各 25%数据的范围，最后通过点标记出较大或较小的异常值（极端离群值）。相较于简单的平均值和方差，箱线图可提供更丰富的数据分散和中心趋势信息。

可以使用 pyplot 模块的 boxplot()方法来绘制箱线图，代码如下所示。

```
plt.rcParams['font.family'] = 'simsun'
plt.rcParams['axes.unicode_minus'] = False
fig = plt.figure(figsize=(6.4, 4.8))

data = np.random.randint(0, 100, 47) #数组中有 47 个[0, 100)范围的随机数
#向数组中添加 3 个可能是极端离群值的数据
data = np.append(data, 160)
data = np.append(data, 200)
data = np.append(data, -50)

#whis 参数的默认值是 1.5，将其设置为 3 可以检测极端离群值
#showmeans=True 表示在图中标记均值的位置
plt.boxplot(data, whis=1.5, showmeans=True, notch=True)

plt.xticks(size=10)
plt.yticks(fontproperties='Times New Roman', size=10)

#定制纵轴的取值范围
plt.ylim([-100, 250])

#定制横轴的刻度
plt.xticks([1], labels=['数据']) #刻度的位置为 1，刻度标签为"数据"。

plt.show()
```

输出结果如图 6-16 所示。

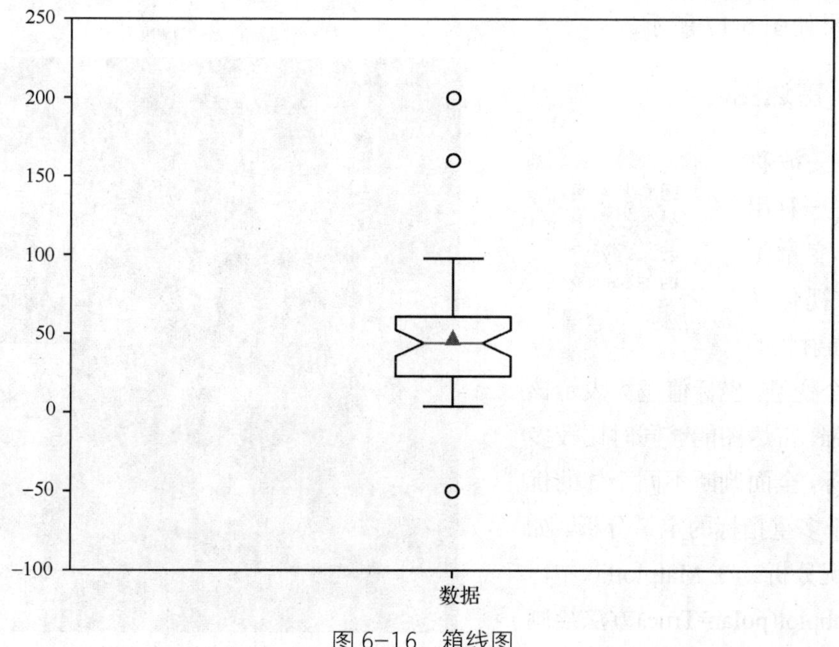

图 6-16 箱线图

6.4.7 热力图

热力图是一种通过颜色级别来反映数据矩阵之间相关性的可视化图表，能以直观的方式可视化数据集之间的相关程度和相关性类型。它常用于展示不同变量或样本间的相似性。在 Matplotlib 中，可以使用 imshow()方法绘制热力图。

绘制热力图时，需要输入一个二维数据矩阵，矩阵中的值决定了颜色的深浅；颜色越深表示正相关性越强，颜色越浅表示负相关性越强。

```
plt.rcParams['font.family'] = ['simsun']
plt.rcParams['axes.unicode_minus'] = False
fig = plt.figure(figsize=(6.4, 4.8))

np.random.seed(30)
data = np.random.randint(70, 100, (6, 5))
plt.imshow(data)

plt.xticks(size=10)
plt.yticks(fontproperties='Times New Roman', size=10)

plt.xticks(range(0, 5), ['A 指标', 'B 指标', 'C 指标', 'D 指标', 'E 指标'])
plt.yticks(range(0, 6), np.array(range(1, 7), dtype='U3')) #刻度的位置从 0 到 5，刻度标签从 1 到 6，使用 dtype='U3'指定数据类型为 Unicode 字符串、长度为 3

# 显示颜色条
plt.colorbar()
plt.title('6 个产品的 5 个指标热力图', fontsize=11, color='#0033cc')
plt.show()
```

输出结果如图 6-17 所示。

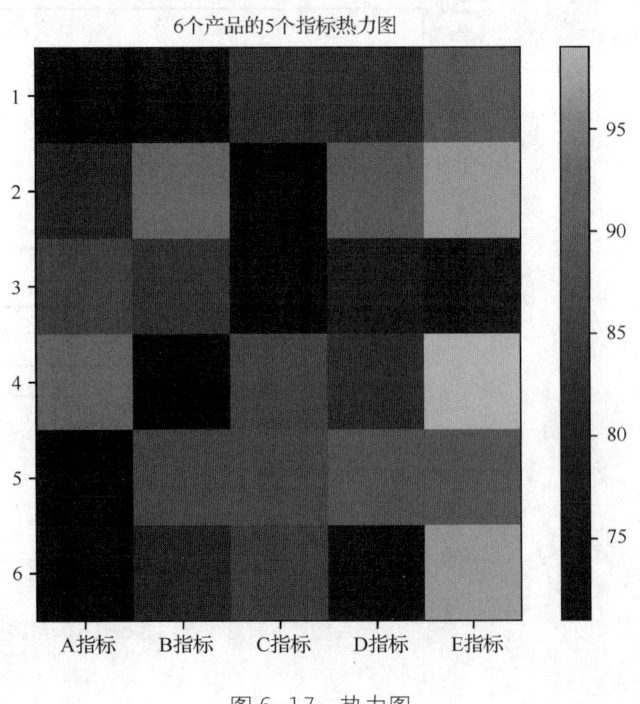

图 6-17 热力图

6.4.8 雷达图

6-3 雷达图

雷达图又被称为蜘蛛图，是一种用于比较多个变量维度强弱的可视化图表。它采用辐射状的轴线表示每个变量，坐标值越大表示该变量指标越强。雷达图能够同时比较多个维度的指标，全面判断不同个体的优劣。它常用于多重指标的定量分析，如企业战略状况分析。在 Matplotlib 中，可以使用 subplot(polar=True)方法绘制雷达图。

绘制雷达图时，需要准备多个变

量的数据，传入雷达图绘制方法，即可生成多个轴线组成的网格式图表。通过查看不同数据集在各变量轴线上的值，可以直观对比各数据集的指标强弱。

```
plt.rcParams['font.family'] = ['simsun']
plt.rcParams['axes.unicode_minus'] = False
fig = plt.figure(figsize=(6.4, 4.8))

#生成数据，注意第一组与最后一组数据是相同的，确保可以连成一个闭合多边形
province = ["湖北", "广东", "湖南", "江西", "云南"]
index1= [4.5, 4.9, 3.9, 2.8, 2.6, 4.5]
index2= [4.9, 4.7, 4.5, 3.9, 3.8, 4.9]

plt.subplot(polar=True)  #设置图形为极坐标图
theta = np.linspace(0, 2*np.pi, len(index1)) #根据 index1 的数量将圆均分

#设置网格、标签
lines, labels = plt.thetagrids(range(0, 360, int(360/len(province))), (province))

#绘制 index1
plt.plot(theta, index1)
plt.fill(theta, index1, 'm', alpha=0.1) #设置颜色与透明度

#绘制 index2
plt.plot(theta, index2)

#添加图例和标题
plt.legend(labels=('产品 1', '产品 2'), loc='best', frameon=True) #loc 为图例位置
plt.title("产品 1 vs 产品 2", fontsize=11)
```

输出结果如图 6-18 所示。

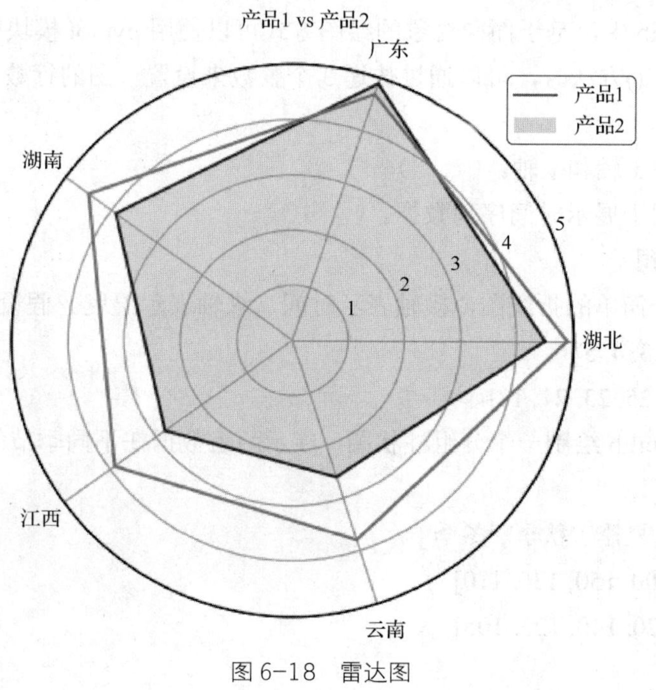

图 6-18 雷达图

从图 6-18 的雷达图中，我们不仅可以看到同一个省的产品 1 与产品 2 的大小关系，还可以看到不同省同一个产品的大小情况。

本章习题

一、选择题

1.（单选）Matplotlib 通常与以下哪个库一起使用，是数据科学和机器学习工作者必不可少的工具？（　　）

A．Scikit-Learn　　B．TensorFlow　　C．NumPy　　D．PyTorch

2.（单选）Matplotlib 中的对象可以分为哪两类？（　　）

A．容器类和基础类　　B．图表类和坐标类

C．数据类和属性类　　D．函数类和对象类

3.（单选）下列哪个方法用于创建一个新的图或画布？（　　）

A．plt.create()　　B．plt.new_figure()　　C．plt.figure()　　D．plt.plot()

4.（多选）Matplotlib 可以绘制哪些类型的图表?（　　）

A．折线图　　B．散点图　　C．雷达图　　D．箱线图

5.（多选）调整 Matplotlib 图形中的中文字体的方法有哪些?（　　）

A．设置全局字体　　B．保存为 SVG 格式

C．使用中文字体　　D．设置轴标题字体

二、判断题

1．Matplotlib 是一个用于 3D 图形绘制的 Python 库。（　　）

2．在 Matplotlib 中，基于面向对象的绘图方式可以使用 pyplot 模块中的方法。（　　）

3．使用 subplot()方法时，可以通过传递 3 个整数来设置子图的行数、列数和当前位置。（　　）

4．子图间共享 x 轴和 y 轴。（　　）

5．饼图主要用于展示时间序列数据。（　　）

三、绘制图形题

1．请绘制一个简单的折线图，横轴表示时间，纵轴表示温度。假设有以下数据点。

时间：[0, 1, 2, 3, 4, 5]

温度：[20, 22, 25, 23, 21, 18]

2．使用 Matplotlib 绘制一个分组柱状图，展示两组数据在不同季节的销售情况。假设有以下数据。

季节：['春季', '夏季', '秋季', '冬季']

销售 A 组：[100, 150, 130, 110]

销售 B 组：[120, 140, 125, 105]

实 训

使用 Matplotlib 可视化某公司不同区域的销售和利润情况。

一、实训目的

通过这个实训，读者将学会并掌握使用 Matplotlib 绘制不同类型的图表，进行商业数据可视化分析的技能，可视化分析商业数据，如不同区域的销售业绩数据。可视化可以更直观地展示数据趋势和模式，为商业决策提供数据支持。

二、实训步骤

步骤 1：导入 Matplotlib 库。

导入库，为绘制图表做准备。

步骤 2：准备业务数据。

整理不同区域的销售业绩数据，作为图表的数据源。

步骤 3：绘制极坐标图。

使用极坐标图比较各区域的销售总额大小。

步骤 4：绘制三维散点图。

使用三维散点图显示不同季度各区域销售变化趋势。

步骤 5：绘制等高线图。

使用等高线图展示区域销售变化的趋势和模式。

第7章 Seaborn数据绘图

Seaborn是Python的高级绘图库，提供了各种统计图表来展现数据分布、相关性等信息。它基于Matplotlib，具有更简洁的API。本章全面介绍Seaborn的安装、导入、绘图流程，并通过直方图、散点图、热力图等详解Seaborn的高级绘图功能。掌握Seaborn可以更便捷、高效地进行统计可视化，以帮助洞察数据背后的模式。

【学习目标】

- 熟练掌握Seaborn的绘图流程，包括导入模块、导入数据、设置画布、输出图形和保存结果等步骤，能够顺畅完成从数据到图形输出的可视化任务。
- 熟练掌握Seaborn的常见图表绘制方法，包括直方图、散点图、热力图、回归图和小提琴图等的绘制，能够根据数据特点选择合适的图形类型进行可视化分析。

7.1 Seaborn简介

Seaborn是建立在Matplotlib之上的数据可视化工具，它相当于对Matplotlib进行了更高级的封装。Seaborn也能跟Pandas无缝整合，让我们可以用更少的代码构建出更好的统计图表，帮助我们探索和理解数据。简单来说，Seaborn框架旨在以数据可视化为中心来挖掘与理解数据。Seaborn包含但不局限于以下功能。

- 面向数据集的API，可用于检查多个变量之间的关系。
- 支持使用分类变量来显示观察结果或汇总统计数据。
- 能够可视化单变量或双变量分布以及在数据子集之间进行比较的选项。
- 各类因变量线性回归模型的自动估计与作图。
- 集成调色板和主题，轻松定制统计图表的视觉效果。

根据功能Seaborn绘图函数可以分为关系绘图、分布统计绘图、类别统计绘图等组，每组都有一个Figure级函数（可以实现所有本组函数绘图功能，API统一），同时有若干个Axes级函数。

- 关系绘图：Figure级函数relplot()。

- ■ scatterplot()：Axes 级函数（散点图）。
- ■ lineplot()：Axes 级函数（折线图）。
- ● 分布统计绘图：Figure 级函数 displot()。
- ■ histplot()：Axes 级函数（直方图）。
- ■ kdeplot()：Axes 级函数（核密度图）。
- ■ ecdfplot()：Axes 级函数（累积分布图）。
- ■ rugplot()：Axes 级函数（地毯图）。
- ● 类别统计绘图：Figure 级函数 catplot()。
- ■ striplot()：Axes 级函数（分类散点图）。
- ■ swarmplot()：Axes 级函数（分类散点簇图）。
- ■ boxplot()：Axes 级函数（箱线图）。
- ■ violinplot()：Axes 级函数（小提琴图）。
- ■ barplot()：Axes 级函数（柱状图）。
- ■ pointplot()：Axes 级函数（分类统计点图）。
- ■ countplot()：Axes 级函数（数量统计图）。
- ● 回归统计绘图：Figure 级函数 lmplot()。
- ■ regplot()：Axes 级函数（回归图）。
- ■ residplot()：Axes 级函数（回归拟合误差图）。
- ● 矩阵绘图：Figure 级函数 clustermap()。
- ■ heatmap()：Axes 级函数（热力图）。

除此之外，还有如下两个特殊的 Figure 级函数（多图组合）。

■ jointplot()：返回 JointGrid 对象。同时绘制 3 个子图，在二维图上方和右侧绘制分布统计图。

■ pairplot()：返回 PairGrid 对象（配对分布统计图）。

7.2　Seaborn 库安装与使用

在使用 Seaborn 库之前，需要通过命令“pip install seaborn”进行安装。安装完成后，可以通过执行“import seaborn as sns”命令导入 Seaborn。为确认 Seaborn 库安装成功，可以执行下面的语句，如果输出 seaborn，则表示 Seaborn 已正确安装。

```
import seaborn as sns

sns.__name__  #输出 'seaborn'
```

7.3　Seaborn 绘图流程

Seaborn 作为一个强大的数据可视化 Python 库，提供了一种简洁高效的绘图流程。该流程涵盖了关键步骤，首先需要导入所需的绘图模块；其次，根据具体需求导入数据，为可视化做好准备；然后，设置画布参数，为绘图奠定基础；接着，利用 Seaborn 提供的各种绘图函数生成图形并展示出来；最后，可以选择保存生成的图形为不同格式的图像文件，以备后续使用。

7.3.1 导入绘图模块

作为绘图的第一步，需要导入 matplotlib 和 seaborn 这两个模块：

```
import matplotlib.pyplot as plt
import seaborn as sns
```

7.3.2 导入数据

在准备好绘图模块之后，下一步是导入需要可视化的数据。Seaborn 不仅支持导入自带的内置数据集，也能够导入外部数据，如以 csv 格式存储的数据文件：

```
dataset = sns.load_dataset('dataset') #Seaborn 内置数据集导入
dataset = pd.read_csv('dataset.csv')  #外置数据集导入（以 csv 格式为例）
```

7.3.3 设置画布大小

为了控制图形的大小和比例，通常需要预先设置画布的大小：

```
plt.figure(figsize=(12, 6)) #设置一块大小为(12, 6)的画布
```

7.3.4 输出图形

在完成画布设置后，就可以使用 Seaborn 提供的各种绘图函数生成所需的可视化图形，例如绘制条形图：

```
sns.set_style('white') #整体图形背景样式，共 5 种:"white", "dark", "whitegrid","darkgrid",
"ticks"
sns.barplot(x=x, y=y, data=dataset, ...) #以条形图为例输出图形
```

7.3.5 保存图形

最后，若需要将生成的图形保存到本地文件，可以使用 matplotlib 的 savefig()函数，支持 png、jpg、svg 等多种常见图像格式：

```
plt.savefig('jg.png') #将画布保存为 png、jpg、svg 等格式图片
```

7.4 Seaborn 绘图实战

本节涵盖数据准备的关键步骤以及导入相关库的操作，涉及直方图、散点图、热力图、回归图以及小提琴图等多种图表类型。通过这些实例，读者可以深入了解如何使用 Seaborn 进行数据可视化，从而更加生动地呈现数据的内在关系与趋势。

7.4.1 数据准备

```
import pandas as pd
```

```
    df = pd.read_csv('data/cook.csv') #读取数据集

    df['难度'] = df['用料数'].apply(lambda x:'简单' if x<5 else ('一般' if x<15 else '较难'))
#增加'难度'分类字段
    df = df[['菜谱','用料','用料数','难度','菜系','评分','用户']] #选择需要的列
    df.sample(5)  #查看数据集的随机 5 行数据
```

输出结果如下。

	菜谱	用料	用料数	难度	菜系	评分	用户
584	珍珠丸子	猪肉、糯米粉、鸡蛋、马蹄、姜、葱、白胡椒粉、盐、生抽	9	一般	湘菜	4.7	美食台
1457	油豆腐焖五花肉	油豆腐、五花肉、生姜、陈皮、香叶、葱、玉米油、盐、生抽、老抽、料酒、白糖	12	一般	鲁菜	5.0	逝去的诺言2017
569	剁椒丝瓜炒鸡蛋	丝瓜、鸡蛋	2	简单	湘菜	4.7	红豆
486	尖椒炒肉丝	青椒、红椒、里脊肉	3	简单	湘菜	4.8	缘豆儿
555	剁椒鱼头	鱼头、葱、姜、蒜、剁椒,盐、胡椒粉、鸡精	8	一般	湘菜	4.5	Eternal木木夕

7.4.2　导入相关库

```
    import numpy as np
    import pandas as pd
    import matplotlib.pyplot as plt
    import matplotlib as mpl
    import seaborn as sns

    plt.rcParams['font.family'] = ['simsun']  #设置加载的字体名
    plt.rcParams['axes.unicode_minus'] = False   #解决负号显示为方块的问题
    sns.set_style('white', {'font.family':['simsun']}) #设置图形背景样式
```

7.4.3　直方图

7-1　直方图

Seaborn 库中的 distplot()函数可以绘制直方图，通过矩形条的高度展示各数据范围内的频数分布。绘制直方图时，需要输入一个一维数值数组。distplot()会自动计算组距并统计每个组距中的频数，绘制频数分布直方图。

直方图能清晰反映数据的分散程度和整体分布形态。相较于简单统计量，它提供了更丰富的分布信息。直方图常用于分析数据的中心趋势、异常情况等，为数据建模提供支持。

```
    #distplot()输出直方图，默认拟合出密度曲线
    plt.figure(figsize=(6.4, 4.8)) #设置画布大小
    rate = df['评分']
    plt.xticks(size=14)
    plt.yticks(size=14)
    plt.xlabel('评分', fontsize=16)
    plt.ylabel('频数', fontsize=16)
    sns.distplot(rate,
                 color="blue",
```

```
            hist_kws={'color':'g','label':'直方图'},
            kde_kws={'color':'b','label':'密度曲线'},
            bins=20) #参数 color 为 blue，参数 bins 为数据片段的数量
    plt.legend(fontsize=11)
```

输出结果如图 7-1 所示。

该直方图显示，数据的中心在 4 和 5 的中间，数据散布的范围大约在 1 至 5 之间，但大多数数据集中在高分段。

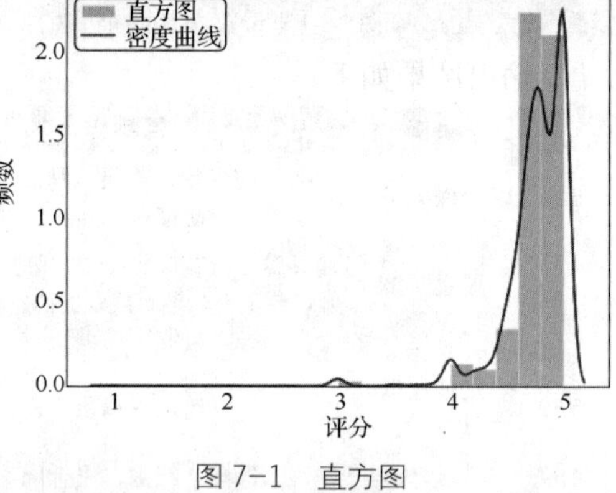

图 7-1　直方图

7.4.4　散点图

7-2　散点图

Seaborn 库中的 scatterplot() 函数可以绘制散点图，通过坐标点的位置展示变量之间的相关性。绘制散点图时，需要输入变量的观测数据。scatterplot()会根据 x 轴和 y 轴变量生成坐标点图，点的分布情况反映了变量的相关程度。

散点图能够直观显示变量之间是否存在相关性以及相关的形式和强度，常用于判断变量之间的依赖关系，并可以为建立回归模型提供支持。

```
    fig, axes = plt.subplots(1, 2, figsize=(6.4, 4.8))
    sns.scatterplot(x="用料数", y="评分", hue="难度", data=df, ax=axes[0]) #hue 参数将不同的难度类别用不同的颜色进行区分。每个颜色代表一个不同的难度级别
    sns.scatterplot(x="用料数", y="评分", hue="难度", style="难度", data=df, ax=axes[1]) #style 参数通过不同的颜色和标记显示分组变量
```

输出结果如图 7-2 所示。

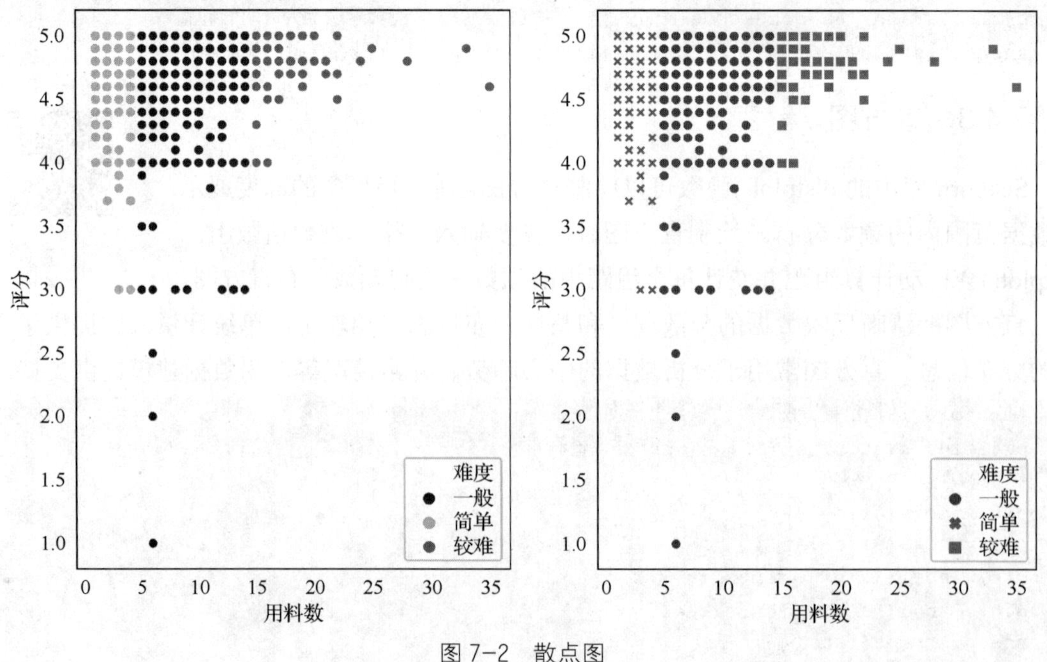

图 7-2　散点图

7.4.5　热力图

Seaborn 库中的 heatmap()函数可以绘制热力图，通过颜色的深浅展示变量之间的相关性。绘制热力图时，需要输入一个可观测数据组成的矩阵。heatmap()会根据矩阵值生成颜色热力图，颜色越深表示正相关性越强。

热力图以直观的方式显示变量或样本间的相关性，深色表示强相关，浅色表示负相关，常用于分析不同变量或样本的相似性。

```
fig, axes = plt.subplots(1, 2, figsize=(10,6))
h = pd.pivot_table(df, index=['菜系'], columns=['难度'], values=['评分'], aggfunc=np.mean)
sns.heatmap(h, ax=axes[0])
axes[0].set_xlabel('难度', fontsize=14)
axes[0].set_ylabel('菜系', fontsize=14)

cmap = sns.diverging_palette(200, 20, sep=20, as_cmap=True)
sns.heatmap(h, annot=True, cmap=cmap, ax=axes[1]) #annot 参数设置为 True 可显示数字，cmap 参数可设置热力图调色板
axes[1].set_xlabel('难度', fontsize=14)
axes[1].set_ylabel('菜系', fontsize=14)
```

输出结果如图 7-3 所示。

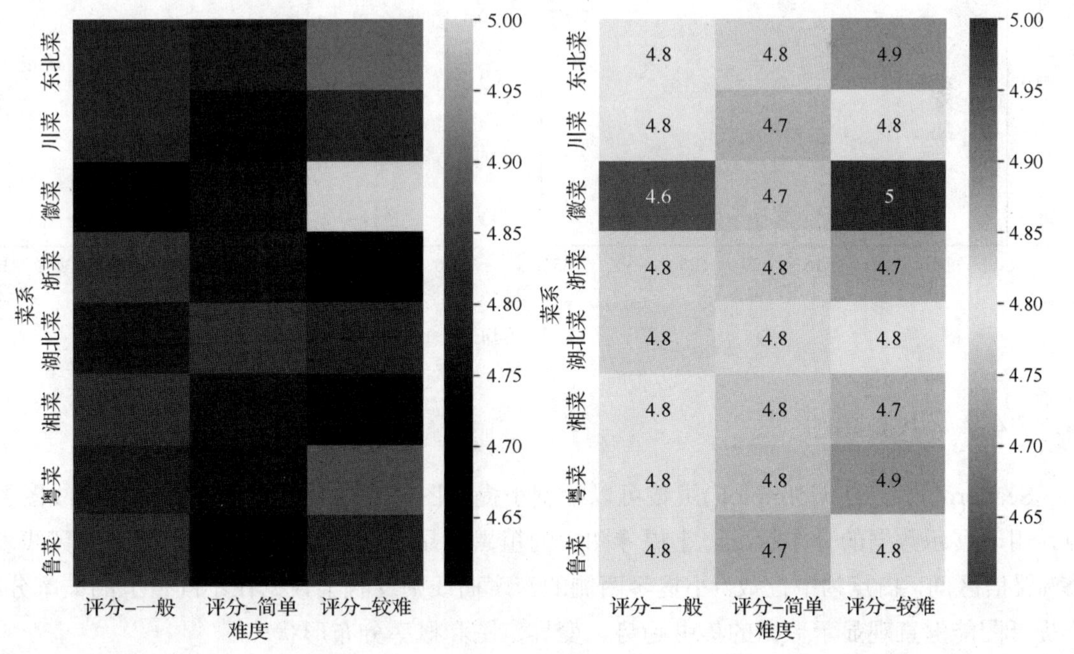

图 7-3　热力图

7.4.6　回归图

Seaborn 库中的 regplot()函数可以绘制回归图，展示变量之间的数量相关性。它通过曲线

拟合反映变量之间的回归关系。绘制回归图时，需要输入变量的观测数据。regplot()会计算出回归曲线方程，绘制样本数据图，并显示出曲线和相关系数。

回归图能直观显示变量之间的相关程度和变化趋势。相比于简单的相关系数，它通过曲线反映了变量之间的量化对应规则，常用于建立变量之间的统计预测模型。

```
fig, axes = plt.subplots(1, 2, figsize=(6.4, 4.8))
sns.regplot(x='用料数', y='评分', data=df, color='r', marker='+', ax=axes[0]) #marker参数可设置数据点的形状
sns.regplot(x='用料数', y='评分', data=df, ci=None, color='g', marker='*', ax=axes[1]) #ci 参数设置为 None 可去除直线附近阴影（置信区间）
```

输出结果如图 7-4 所示。

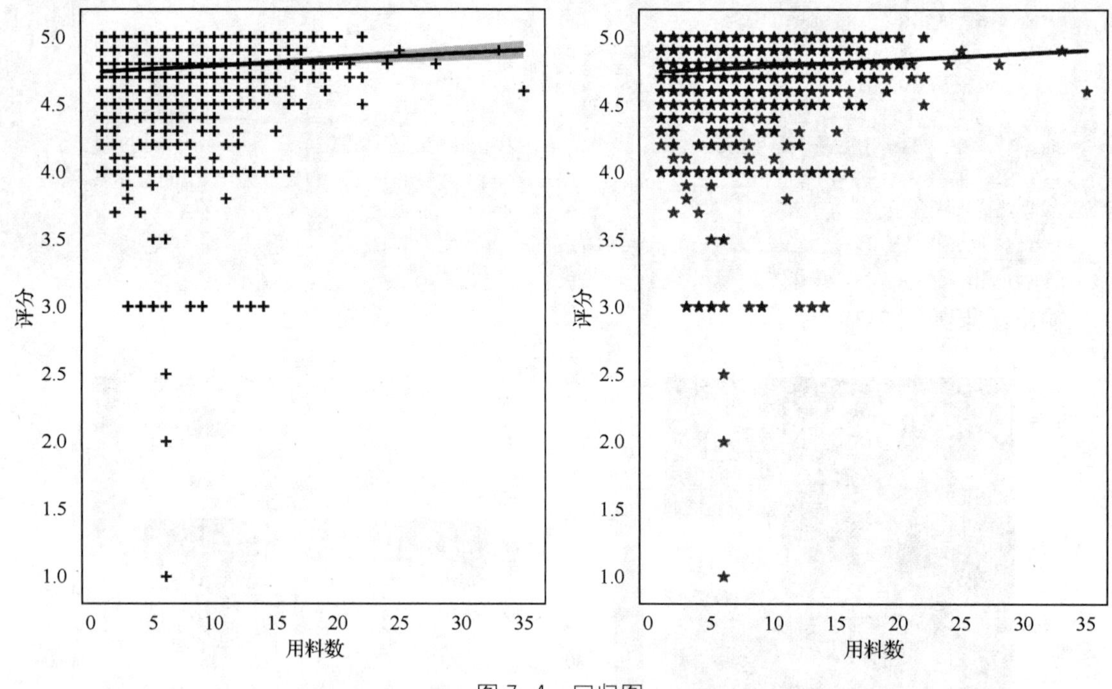

图 7-4　回归图

7.4.7　小提琴图

Seaborn 库中的 violinplot()函数可以绘制小提琴图，它综合了箱线图和密度曲线图的特点，用于展示数据的分布状况。小提琴图中的粗黑条显示了数据的四分位范围，细黑线表示95%置信区间，白点为中位数。小提琴两侧的密度曲线则反映了数据在不同值上的概率分布。小提琴图能够直观显示数据的集中趋势、变异范围和概率分布形状。

```
fig, axes = plt.subplots(1, 2, figsize=(10, 6))
sns.violinplot(x='菜系', y='评分', data=df, color="salmon", linewidth=1, ax=axes[0])
sns.violinplot(x='菜系', y='评分', data=df, palette=sns.color_palette('Greens'), inner='stick', ax=axes[1])
#inner 参数可在小提琴内部添加图形，color_palette()设置颜色渐变
```

输出结果如图 7-5 所示。

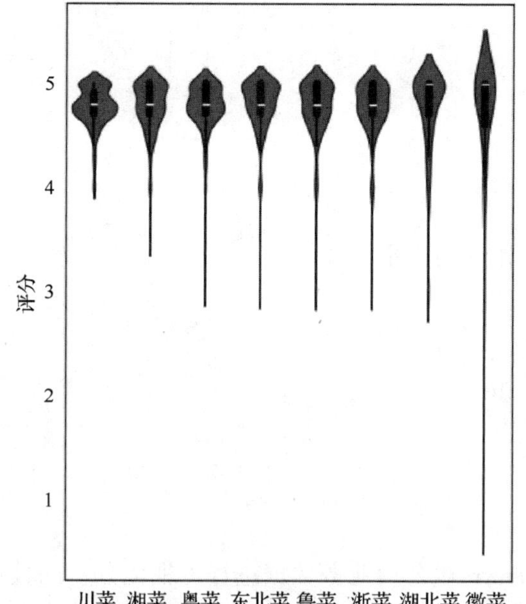

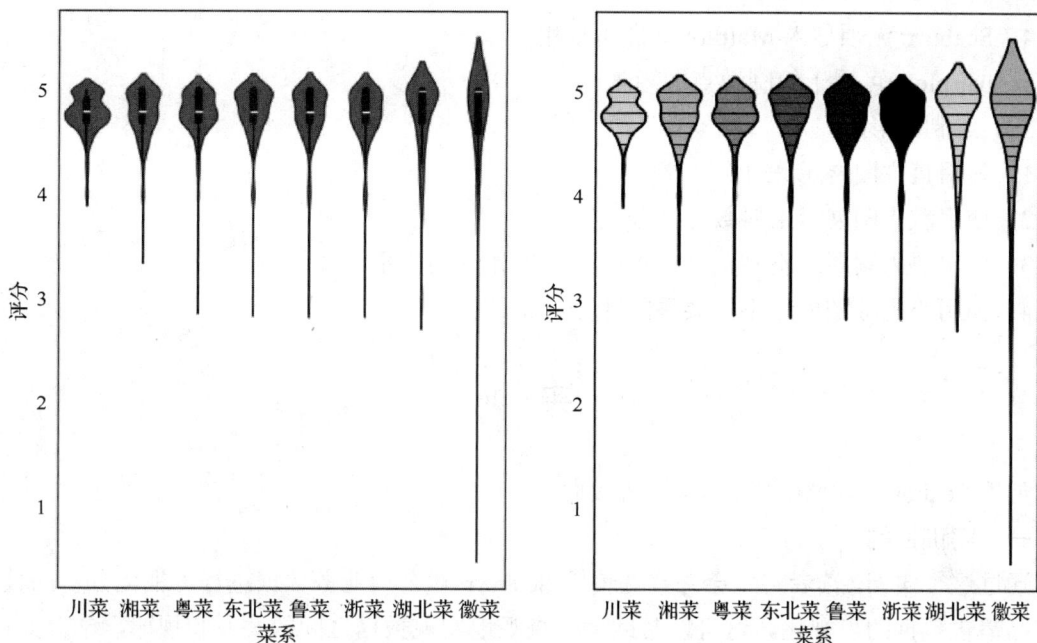

图 7-5　小提琴图

本章习题

一、选择题

1.（单选）Seaborn 基于哪个 Python 数据可视化库？（　　）

A．NumPy　　B．Matplotlib　　C．Pandas　　D．Scipy

2.（单选）在 Seaborn 中，哪个函数用于绘制直方图和拟合密度曲线？（　　）

A．sns.barplot()　　B．sns.scatterplot()　　C．sns.distplot()　　D．sns.heatmap()

3.（单选）在 Seaborn 中，哪个函数用于绘制散点图，并可以使用颜色和标记来表示分组变量？（　　）

A．sns.barplot()　　B．sns.scatterplot()　　C．sns.regplot()　　D．sns.heatmap()

4.（多选）Seaborn 可以绘制哪些类型的统计图表?（　　）

A．散点图　　B．树图　　C．箱线图　　D．热力图

5.（多选）调整 Seaborn 图形中文字字体的方法有哪些?（　　）

A．设置样式主题　　B．保存为 SVG 格式

C．使用中文字体　　D．设置坐标轴标签字体

二、判断题

1．Seaborn 是一个建立在 Matplotlib 之上的数据可视化库。（　　）

2．在 Seaborn 绘图流程中，设置画布参数是在导入绘图模块之后进行的。（　　）

3．直方图可以用来展示两个连续型变量之间的关系。（　　）

4．Seaborn 无须导入 Matplotlib 即可使用。（　　）

5．pairplot()可用于绘制散点图矩阵。（　　）

三、绘制图形题

1．使用直方图展示评分分布情况。

2．使用散点图展示用料数与评分关系。

3．使用热力图展示不同菜系、难度与平均评分的关系。

4．使用小提琴图展示不同菜系的评分分布。

实　训

使用 Seaborn 可视化分析产品销售数据。

一、实训目的

通过这个实训，读者将学会并掌握使用 Seaborn 对公司业务数据进行可视化分析的技巧，如产品销售数据的可视化。这可以帮助读者直观地发现数据之间的关系和规律，学会如何从大量数据中获取有价值的信息，为商业决策提供数据支持。

二、实训步骤

步骤 1：导入 Seaborn 库。

导入 Seaborn 库，为可视化分析做准备。

步骤 2：加载销售数据。

读取包含产品和不同区域销售数据的 CSV 数据。

步骤 3：绘制销售热力图。

使用 heatmap()可视化产品与区域之间的销售关系。

步骤 4：绘制销售分布图。

使用 distplot()查看各产品销售额的分布情况。

步骤 5：绘制产品销售关系图。

使用 pairplot()展示不同产品之间的销售相关性。

第三部分

综合案例

本部分的内容是数据分析的综合应用，通过分析 3 个实际案例，读者可以掌握如何使用 Python 中的各种工具和技术进行数据分析和预测，为商业决策提供有价值的支持。本部分涵盖不同领域和不同类型的预测问题，具体如下。

- 咖啡销售情况分析案例：运用 Pandas 和 Matplotlib 对结构化商业数据进行汇总、可视化和洞察。
- 员工离职风险预测案例：运用 Scikit-Learn 对员工数据进行机器学习建模，实现分类预测。
- 航班乘客数预测案例：运用 PyTorch 中的 RNN（循环神经网络）对时间序列数据进行深度学习预测。

第8章 咖啡销售情况分析

本章通过一个咖啡销售数据案例，向读者全面介绍使用 Python 进行数据分析的流程，包括数据的准备、清洗、分析和可视化等步骤。重点运用 Pandas 的数据处理方法对商业数据进行汇总、排序、分组、查询等多维分析，并利用 Matplotlib 绘制直观的柱状图，生动展示分析结果。通过这个案例的学习，读者可以掌握利用 Python 进行结构化数据分析的基本过程，为后续的商业数据分析奠定坚实的基础。

【学习目标】

- 熟练掌握数据分析的基本流程，包括数据的准备、清洗、分析和可视化等步骤，能够进行从数据到分析结果的全流程操作。
- 熟练应用 Pandas 的各种数据处理方法，如数据读取、排序、分组、汇总、查询等，可以对数据进行多角度分析。
- 熟练使用 Matplotlib 和 Pandas 的可视化功能生动展示分析结果，发现数据模式。

8-1 准备数据

8.1 准备数据

首先导入 NumPy、Pandas 和 Matplotlib 库，然后采用 Pandas 对象的 read_excel()函数导入数据集。由于数据集保存 Excel 文件中，因此需要安装依赖库 openpyxl（执行“pip install openpyxl”命令）才能让 Pandas 读取 Excel 文件。

```
import numpy as np
import pandas as pd
import matplotlib.pyplot as plt

data = pd.read_excel("data/某咖啡公司销售数据.xlsx") #读取数据集
data  #输出数据集
```

输出结果（部分数据）如下。

	订单日期	市场类别	区域	产品类别	产品名称	预计销售成本/元	预计毛利/元	预计利润/元	预计销售额/元	销售成本/元	存货/件	毛利/元	利润额/元	销售额/元
0	2010-01-01	Major Market	Central	一般咖啡	Amaretto	90	130	100	220	89	777	130	94	219
1	2010-01-01	Major Market	Central	咖啡	Columbian	80	110	80	190	83	623	107	68	190
2	2010-01-01	Major Market	Central	一般咖啡	Decaf Irish Cream	100	140	110	240	95	821	139	101	234
3	2010-01-01	Major Market	Central	普茶	Green Tea	30	50	30	80	44	623	56	30	100
4	2010-01-01	Major Market	Central	Espresso	Caffe Mocha	60	90	70	150	54	456	80	54	134
...	...	...	...	...	...	...	...	...	...	...	...	...	...	...
4243	2011-12-01	Small Market	West	Espresso	Caffe Latte	20	30	20	50	24	567	32	19	60
4244	2011-12-01	Small Market	West	Espresso	Caffe Mocha	60	80	30	140	65	403	80	34	155
4245	2011-12-01	Small Market	West	Espresso	Decaf Espresso	70	100	60	170	80	1079	96	76	188
4246	2011-12-01	Small Market	West	一般咖啡	Columbian	80	120	80	200	72	461	104	86	188
4247	2011-12-01	Small Market	West	一般咖啡	Decaf Irish Cream	120	170	50	290	105	716	145	30	266

```
4248 rows × 14 columns
```

输出结果显示，数据集包含 4248 行数据、14 个数据列。数据列分别是订单日期、市场类别、区域、产品类别、产品名称、预计销售成本/元、预计毛利/元、预计利润/元、预计销售额/元、销售成本/元、存货/件、毛利/元、利润额/元和销售额/元等。

8.2 数据清洗

数据清洗的重要环节包括缺失值处理和重复值处理，通过这些步骤可以有效地清理数据集中存在的缺失值，剔除重复记录，确保数据的准确性和完整性，为后续的分析和建模工作提供可靠的支持。

8.2.1 缺失值查询

```
data.info() #查询缺失值
```

输出结果如下。

```
<class 'pandas.core.frame.DataFrame'>
RangeIndex: 4248 entries, 0 to 4247
Data columns (total 14 columns):
 #   Column      Non-Null Count  Dtype
---  ------      --------------  -----
 0   订单日期      4248 non-null   datetime64[ns]
 1   市场类别      4248 non-null   object
 2   区域        4248 non-null   object
 3   产品类别      4248 non-null   object
 4   产品名称      4248 non-null   object
 5   预计销售成本/元  4248 non-null   int64
 6   预计毛利/元    4248 non-null   int64
```

```
 7   预计利润/元    4248 non-null   int64
 8   预计销售额/元   4248 non-null   int64
 9   销售成本/元    4248 non-null   int64
 10  存货/件      4248 non-null   int64
 11  毛利/元      4248 non-null   int64
 12  利润额/元     4248 non-null   int64
 13  销售额/元     4248 non-null   int64
dtypes: datetime64[ns](1), int64(9), object(4)
memory usage: 464.8+ KB
```

输出结果显示，每一个数据列的非空数值均为4248，表示当前所有数据列没有缺失值。缺失值查询也可以结合sum()函数完成。如果数据集中存在缺失值，可以用dropna()函数进行删除，或者用fillna()进行填充。

8.2.2 重复值处理

很多数据都是有重复值的，在数据分析前必须对之进行处理，不然会影响结果的准确度。处理方法为drop_duplicates()，其默认对所有的列进行处理。

```
data.shape  #处理前的数据集大小。输出 (4248, 14)
data = data.drop_duplicates() #处理重复值
data.shape  #处理后的数据集大小。输出 (4246, 14)
```

输出结果显示处理后的数据集中包含4246行数据（共14列），因此数据集中原先存在两个重复值。

8.3 数据分析

8-2 数据分析

本节涵盖多个关键技术，包括查看数据集维度、描述性分析、排序分析、数据分组、数据查询、复杂条件查询、新增数据列等。这些技术为深入理解数据、探索关联性以及提出创新见解提供了途径，助力数据分析人员从多个角度展示数据的内在价值。

8.3.1 查看数据集维度

```
data.shape #通过shape属性查看维度。输出 (4246, 14)
```

shape 属性用于获取数组或矩阵的维度信息。它返回一个元组，其中，第一个元素是行数，第二个元素是列数。输出结果显示该数据集有4246行、14列。

8.3.2 描述性分析

describe()函数是一种统计函数，可以应用于 Series 或 DataFrame 的数字类型的数据。describe()函数可以输出计数（count）、均值（mean）、标准差（std）、最小值（min）、最大值（max），以及百分位数等统计指标。describe()函数有3个参数percentiles、include和exclude，分别用于指定百分位数、包含哪些数据、排除哪些数据。

```
data.describe()
```

输出结果如下。

	订单日期	预计销售成本/元	预计毛利/元	预计利润/元	预计销售额/元	销售成本/元	存货/件	毛利/元	利润额/元	销售额/元
count	4246	4246.000000	4246.000000	4246.000000	4246.000000	4246.000000	4246.000000	4246.000000	4246.000000	4246.000000
mean	2010-12-16 01:31:54.460668928	74.851625	100.843146	60.923222	175.694772	84.457843	749.349505	104.319830	61.109986	193.039567
min	2010-01-01 00:00:00	0.000000	-210.000000	-320.000000	0.000000	0.000000	-3534.000000	-302.000000	-638.000000	17.000000
25%	2010-07-01 00:00:00	30.000000	50.000000	20.000000	82.500000	43.000000	432.000000	53.000000	17.000000	100.000000
50%	2010-12-16 12:00:00	50.000000	70.000000	40.000000	130.000000	60.000000	619.000000	76.000000	40.000000	138.000000
75%	2011-06-23 12:00:00	90.000000	130.000000	80.000000	210.000000	100.000000	911.500000	132.000000	92.000000	230.000000
max	2011-12-01 00:00:00	450.000000	690.000000	560.000000	1140.000000	364.000000	8252.000000	613.000000	778.000000	912.000000
std	NaN	66.246597	92.617965	79.563564	148.912113	67.255976	661.185968	94.356829	101.730811	151.149682

从这个步骤我们可以看出 Python 的强大之处，使用一个方法 describe()即可瞬间查看各数据列的计数（非缺失值的数量）、均值、标准差、最小值、最大值和百分位数等统计数据。

8.3.3 排序分析

例如，我们想看不同产品类别从高到低的销售利润额。sort_values(by='利润额/元')表示按利润额排序，ascending=False 表示降序排序，head()函数默认取前 5 条数据。

```
data.sort_values(by='利润额/元', ascending=False).head() #前 5 条数据
```

输出结果如下。

	订单日期	市场类别	区域	产品类别	产品名称	预计销售成本/元	预计毛利/元	预计利润/元	预计销售额/元	销售成本/元	存货/件	毛利/元	利润额/元	销售额/元
3263	2011-07-01	Major Market	East	一般咖啡	Columbian	40	590	560	630	52	-1493	613	778	659
3440	2011-08-01	Major Market	East	一般咖啡	Columbian	40	590	560	630	52	-2033	612	777	658
3084	2011-06-01	Major Market	East	一般咖啡	Columbian	50	560	530	610	54	-1006	595	755	643
3617	2011-09-01	Major Market	East	一般咖啡	Columbian	50	490	460	540	60	-2572	516	690	614
3808	2011-10-01	Major Market	East	Espresso	Regular Espresso	210	510	450	720	239	1197	526	646	815

8.3.4 数据分组

例如，我们想看不同产品类别的利润额、销售额。groupby(['产品类别'])表示按产品类别进行分组，然后查看每组中的利润额、销售额之和。

```
data1 = data.groupby(['产品类别'])[['利润额/元', '销售额/元']].sum() #根据产品类别分组，查看利润额、销售额之和
data1 #计算结果保存在新的变量中
```

输出结果如下。

	利润额/元	销售额/元
产品类别		
Espresso	68620	222996
一般咖啡	74615	216638
咖啡	68	190
普茶	52916	172608
清凉茶	63254	207214

通常情况下不能直接看出哪个产品类别的利润额较大，因此需要对其进行排序，让利润额最大的排在最前面。

```
data1.sort_values(by='利润额/元', ascending=False)
```

输出结果如下。

产品类别	利润额/元	销售额/元
一般咖啡	74615	216638
Espresso	68620	222996
清凉茶	63254	207214
普茶	52916	172608
咖啡	68	190

8.3.5 数据查询

例如，我们想看看负利润的情况较严重的产品信息。loc()函数用于找出存在负利润的行。

```
data1 = data.loc[(data['利润额/元'] < 0)]  #找出存在负利润的行
data1.sort_values(by='利润额/元').head()  #对利润额进行升序排序，显示前 5 条数据
```

输出结果如下。

	订单日期	市场类别	区域	产品类别	产品名称	预计销售成本/元	预计毛利/元	预计利润/元	预计销售额/元	销售成本/元	存货/件	毛利/元	利润额/元	销售额/元
3687	2011-09-01	Small Market	West	普茶	Green Tea	190	-190	-280	0	302	6413	-302	-638	20
4218	2011-12-01	Small Market	West	普茶	Green Tea	210	-210	-320	0	294	8252	-294	-605	33
3510	2011-08-01	Small Market	West	普茶	Green Tea	180	-180	-260	0	284	5807	-284	-558	21
2274	2011-01-01	Small Market	West	普茶	Green Tea	160	-160	-240	0	245	1419	-245	-552	19
2805	2011-04-01	Small Market	West	普茶	Green Tea	170	-170	-250	0	260	3049	-260	-542	28

输出结果显示普茶的部分产品存在负利润较严重的情况。当然，也可以查看清凉茶的负利润情况，在上述条件查询中再多加个条件即可。

```
data1 = data.loc[(data['利润额/元'] < 0) & (data['产品类别'] == '清凉茶')]
data1.sort_values(by='利润额/元').head()
```

输出结果如下。

	订单日期	市场类别	区域	产品类别	产品名称	预计销售成本/元	预计毛利/元	预计利润/元	预计销售额/元	销售成本/元	存货/件	毛利/元	利润额/元	销售额/元
3449	2011-08-01	Major Market	East	清凉茶	Mint	230	-140	-230	90	311	3422	-187	-420	123
3626	2011-09-01	Major Market	East	清凉茶	Mint	190	-110	-180	80	251	3948	-139	-353	119
1328	2010-08-01	Major Market	East	清凉茶	Mint	230	-140	-230	90	311	3422	-187	-304	124
4157	2011-12-01	Major Market	East	清凉茶	Mint	180	-80	-150	100	241	5121	-93	-280	158
3803	2011-10-01	Major Market	East	清凉茶	Mint	130	-50	-100	80	239	4360	-75	-252	175

输出结果只显示清凉茶的负利润情况。

8.3.6 复杂条件查询

例如，我们想要看不同区域清凉茶的利润额和销售额的和、平均值、最值。这需要用到pivot_table()函数，它具有透视表功能，该功能可以实现各种复杂分析。pivot_table()函数有4个重要的参数：index（分类汇总的分类条件）、values（需要对计算的数据进行筛选）、columns（对values字段进行分类），及aggfunc（设置对数据聚合时进行的函数操作）。

```
data1=data.loc[(data['产品类别'] == '清凉茶')]
data1.pivot_table(values=['利润额/元', '销售额/元'], index=['区域', '产品类别'], aggfunc=['sum', 'mean', 'max', 'min'])
```

输出结果如下。

		sum		mean		max		min	
		利润额/元	销售额/元	利润额/元	销售额/元	利润额/元	销售额/元	利润额/元	销售额/元
区域	产品类别								
Central	清凉茶	24757	67888	73.681548	202.047619	362	687	-65	41
East	清凉茶	6423	41361	29.736111	191.486111	536	796	-420	51
South	清凉茶	5771	25677	30.057292	133.734375	129	317	3	39
West	清凉茶	26303	72288	84.304487	231.692308	344	678	-67	60

8.3.7 新增数据列

例如，如果要计算利润率，需要将其作为新的数据列，那么就需要用利润额除以销售额，再转换成百分数。

```
data1 = data['利润额/元'] / data['销售额/元']
data.loc[:, '利润率'] = data1.apply(lambda x: format(x, '.2%'))  #.loc[row_indexer, col_indexer]明确告诉Pandas，在原始DataFrame上而不是在其切片上进行操作
data.head()
```

输出结果如下。

	订单日期	市场类别	区域	产品类别	产品名称	预计销售成本/元	预计毛利/元	预计利润/元	预计销售额/元	销售成本/元	存货/件	毛利/元	利润额/元	销售额/元	利润率
0	2010-01-01	Major Market	Central	一般咖啡	Amaretto	90	130	100	220	89	777	130	94	219	42.92%
1	2010-01-01	Major Market	Central	咖啡	Columbian	80	110	80	190	83	623	107	68	190	35.79%
2	2010-01-01	Major Market	Central	一般咖啡	Decaf Irish Cream	100	140	110	240	95	821	139	101	234	43.16%
3	2010-01-01	Major Market	Central	普茶	Green Tea	30	50	30	80	44	623	56	30	100	30.00%
4	2010-01-01	Major Market	Central	Espresso	Caffe Mocha	60	90	70	150	54	456	80	54	134	40.30%

首先计算出利润率，得到小数，接下来把小数转化为百分数，最后将其添加到DataFrame里。这里使用了lambda匿名函数、格式化函数format()，以及聚合函数apply()。

8.4 数据可视化

8-3 数据可视化

数据可视化涉及产品类别利润额的可视化展示，以及产品利润额分布区间的可视化呈现。这些可视化方法不仅能够帮助用户直观地了解不同产品类别的利润情况，还能有效地揭示产品利润额在不同区间内的分布规律，为业务决策和战略规划提供有价值的信息。

8.4.1 产品类别利润额可视化

```
import matplotlib.pyplot as plt
plt.rcParams['font.family'] = ['simsun']
plt.rcParams['axes.unicode_minus'] = False

data1 = data.pivot_table(values=['利润额/元'], index=['产品类别'], aggfunc=('sum'))
data1.plot.bar(figsize=(6.4, 4.8))
plt.xlabel('产品类别', fontsize=20)
plt.ylabel('利润额/元', fontsize=20)
plt.legend (fontsize=20)
```

输出结果如图 8-1 所示。

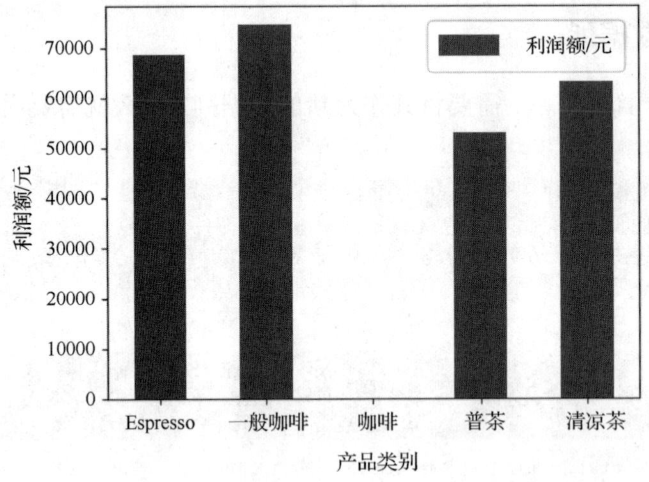

图 8-1 柱状图-产品类别利润额可视化

在图 8-1 所示的柱状图中，不同产品类别的数据以矩形条的形式可视化呈现，矩形条的高度表示该产品类别的利润额。这种展示方式可以直观显示每个产品类别的利润额数值，不同产品类别之间的矩形条高度差异显著，让人一眼就可以看出各产品类别之间的利润额关系。

8.4.2 产品利润额分布区间可视化

```
data1 = data.pivot_table(values=['利润额/元'], index=['产品名称'])
data1.plot.box(figsize=(6.4, 4.8))
```

```
    plt.ylabel('销售利润/元')
plt.show()
```

输出结果如图 8-2 所示。

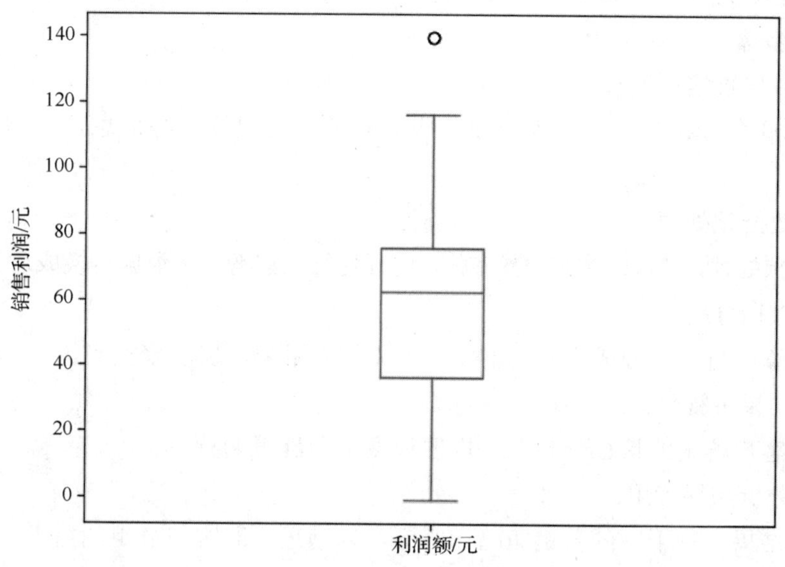

图 8-2 箱线图-产品利润额分布区间可视化

在图 8-2 所示的箱线图中，不同产品的利润额分布情况通过箱体和异常值进行了可视化。从图 8-2 可以看到，存在一个接近 140 的异常值，说明有个别产品利润非常高。另外，箱体下方接近 0 的加权平均值说明对应产品的利润分布范围较小。箱线图以直观的形式同时展示了数据集的四分位数范围、平均值及异常值情况，可让人快速概览产品利润额的分布趋势和异常情况，为数据分析提供有效支持，也为后续建模奠定数据基础。

本章习题

一、简答题

1. 为什么需要清洗数据？
2. 什么是数据可视化？

二、计算题

1. 利用“某咖啡公司销售数据.xlsx”数据计算缺失值百分比。
2. 利用“某咖啡公司销售数据.xlsx”数据计算平均利润率。

实 训

使用 Python 实现客户的细分。

一、实训目的

通过这个实训，读者将学会使用 Python 进行从数据预处理、特征选择到聚类分析的客户细分分析全过程。这将帮助读者在商业实际中应用数据分析技术来优化营销策略和服务。

二、实训步骤

步骤 1：数据收集和理解。

收集客户相关的数据，如消费金额、购买频率、地理位置等信息，理解数据的结构和含义。

步骤 2：数据预处理。

进行数据预处理，处理缺失值、异常值，进行特征映射等。将数据转换成适合分析的格式。

步骤 3：数据分析。

使用聚类算法将客户分成不同的群组，如 k 均值聚类、层次聚类等。

步骤 4：结果可视化。

绘制不同客户群组的特征分布图，以便观察不同群组的特点。

步骤 5：分析结果应用。

根据分析结果定制不同的营销策略和服务，以满足不同客户群组的需求。

第 9 章 员工离职风险预测

员工离职率过高会对公司造成巨大损失。准确预测员工离职风险，可以帮助人力资源部门采取措施挽留人才。本章将介绍使用 Scikit-Learn 构建员工离职风险预测模型的过程，包括数据导入、预处理、建模和模型评估，通过逻辑回归算法预测员工离职风险。

【学习目标】

- 掌握 Scikit-Learn 的基本使用流程，包括导入库、读取数据、数据预处理、构建与训练模型、预测及评估等步骤，可以完成机器学习预测任务。
- 熟练使用 Scikit-Learn 中的各种数据预处理方法，如独热编码、归一化等，对数据进行预处理以满足模型要求。
- 能够运用 Scikit-Learn 中的逻辑回归等算法对数据进行建模，并利用评估指标对模型进行评估，完成预测任务。

9.1 Scikit-Learn 简介

Scikit-Learn 是构建在科学计算库 NumPy、SciPy 等基础上的 Python 机器学习库，其包含分类、回归、聚类、降维、模型选择、预处理等机器学习任务的工具和算法。

Scikit-Learn 采用统一的估计器对象封装机器学习模型，实现了各模型的拟合和预测接口。它提供了线性/逻辑回归、SVM（支持向量机）、决策树、随机森林、*k* 均值聚类等经典的机器学习算法。

Scikit-Learn 具有简单易用、高效、模块化等特点，可以快速地对数据进行预处理、特征工程、交叉验证、网格搜索参数调优、模型评估等机器学习流程，使机器学习工作流程变得简单，是 Python 机器学习不可或缺的工具。

9.2 安装 Scikit-Learn 库

Scikit-Learn 是 Python 的第三方机器学习库，可以通过在命令行窗口中执行以下命令来安装 Scikit-Learn。安装完成后，可以在 Python 脚本或交互式环境中使用 import sklearn 语句导入 Scikit-Learn 库。

```
pip install scikit-learn
```

若遇到下载缓慢的情况，可以换用国内的 PyPI 镜像源来加速下载，如清华大学的镜像源。

```
pip install scikit-learn -i https://pypi.tuna.tsinghua.edu.cn/simple
```

9.3 分类和回归预测步骤

在使用 Scikit-Learn 进行分类和回归预测时，需要按照以下步骤进行操作。

（1）导入所需的模块和数据集。

（2）创建一个估计器对象。

（3）使用 fit()方法拟合数据。

（4）使用 predict()方法进行回归预测。

9.4 读取数据集

使用 Pandas 的 read_csv()函数读取某公司员工的离职数据集。该数据集包含 14999 个样本和 10 个特征。涉及的特征分别是员工对公司满意度、最新考核评估、项目数、平均每月工作时长、工作年限、是否出现工作事故、是否离职、过去 5 年是否升职、岗位和薪资水平。其中，是否离职是我们预测的目标。

```
import numpy as np
import pandas as pd
data = pd.read_csv("data/HR_comma_sep.csv") #读取数据集
data
```

输出结果如下。

	满意度	最新考核评估	项目数/个	平均每月工作时长/小时	工作年限/年	是否出现工作事故	是否离职	过去 **5** 年是否升职	岗位	薪资水平
0	0.38	0.53	2	157	3	0	1	0	销售	低
1	0.80	0.86	5	262	6	0	1	0	销售	中
2	0.11	0.88	7	272	4	0	1	0	销售	中
3	0.72	0.87	5	223	5	0	1	0	销售	低
4	0.37	0.52	2	159	3	0	1	0	销售	低
...	...	...	...	...	...	...	...	...	...	...
14994	0.40	0.57	2	151	3	0	1	0	支持	低
14995	0.37	0.48	2	160	3	0	1	0	支持	低
14996	0.37	0.53	2	143	3	0	1	0	支持	低
14997	0.11	0.96	6	280	4	0	1	0	支持	低
14998	0.37	0.52	2	158	3	0	1	0	支持	低

14999 rows × 10 columns

输出结果显示数据集中共有 14999 行和 10 列。其中，岗位和薪资水平这两列中的数据是文本，每一个文本可以看成一个类别。

9.5　类别特征转换为二进制特征

9-1　类别特征转换为二进制特征

为满足模型对输入数据的要求，需要对岗位和薪资水平两列中的数据（类别）进行独热编码。

fit_transform()函数是 fit()和 transform()两个函数的组合，可以在一步中完成数据的拟合和转换。toarray()函数返回用浮点型表示的独热编码。categories_属性用于获取每个特征的所有可能取值。该属性返回一个列表，其中每个元素对应一个特征的类别。concat()函数按照指定的轴进行合并。

```
from sklearn.preprocessing import OneHotEncoder #导入独热编码模块

def one_hot(data): #将原数据中的非数值转为数值
    oh = OneHotEncoder() #构建独热编码器
    result = oh.fit_transform(data[["岗位"]]) #转换岗位列
    re = pd.DataFrame(result.toarray(), columns=oh.categories_[0], index=data.index)

    result1 = oh.fit_transform(data[["薪资水平"]]) #转换薪资水平列
    re1 = pd.DataFrame(result1.toarray(), columns=oh.categories_[0], index=
data.index)

    data_final = pd.concat([data, re, re1], axis=1) #按列进行合并
    data_final.drop('岗位', inplace=True, axis=1)    #删除原来的岗位列
    data_final.drop('薪资水平', inplace=True, axis=1) #删除原来的薪资水平列
    return data_final

data = one_hot(data)
data
```

输出结果如下。

	满意度	最新考核评估	项目数/个	平均每月工作时长/小时	工作年限/年	是否出现工作事故	是否离职	过去5年是否升职	IT	产品管理	...	会计	技术	支持	研发	管理	营销	销售	中	低	高
0	0.38	0.53	2	157	3	0	1	0	0.0	0.0	...	0.0	0.0	0.0	0.0	0.0	0.0	1.0	0.0	1.0	0.0
1	0.80	0.86	5	262	6	0	1	0	0.0	0.0	...	0.0	0.0	0.0	0.0	0.0	0.0	1.0	1.0	0.0	0.0
2	0.11	0.88	7	272	4	0	1	0	0.0	0.0	...	0.0	0.0	0.0	0.0	0.0	0.0	1.0	1.0	0.0	0.0
3	0.72	0.87	5	223	5	0	1	0	0.0	0.0	...	0.0	0.0	0.0	0.0	0.0	0.0	1.0	0.0	1.0	0.0
4	0.37	0.52	2	159	3	0	1	0	0.0	0.0	...	0.0	0.0	0.0	0.0	0.0	0.0	1.0	0.0	1.0	0.0
...	...	...	...	...	...	...	...	...	...	...	...	...	...	...	...	...	...	...	...	...	...
14994	0.40	0.57	2	151	3	0	1	0	0.0	0.0	...	0.0	0.0	1.0	0.0	0.0	0.0	0.0	0.0	1.0	0.0
14995	0.37	0.48	2	160	3	0	1	0	0.0	0.0	...	0.0	0.0	1.0	0.0	0.0	0.0	0.0	0.0	1.0	0.0
14996	0.37	0.53	2	143	3	0	1	0	0.0	0.0	...	0.0	0.0	1.0	0.0	0.0	0.0	0.0	0.0	1.0	0.0
14997	0.11	0.96	6	280	4	0	1	0	0.0	0.0	...	0.0	0.0	1.0	0.0	0.0	0.0	0.0	0.0	1.0	0.0
14998	0.37	0.52	2	158	3	0	1	0	0.0	0.0	...	0.0	0.0	1.0	0.0	0.0	0.0	0.0	0.0	1.0	0.0

14999 rows × 21 columns

输出结果显示，通过对原始数据集中的岗位和薪资水平两列进行独热编码，将它们转换为各自类别的列。这种处理方式将类别型特征转换为模型可以接受的数字型输入，确保了数据集满足模型对输入数据的要求，从而提高了模型的性能和准确性。

9.6 数据集划分为训练集和测试集

接下来，将数据集划分为训练集和测试集。train_test_split()函数用于将数据集划分为训练集和测试集，以用于模型的训练和评估。将数据集 X 和 y 按照 0.3 的比例划分为训练集和测试集，即 70%的数据用于训练模型（训练集），30%的数据用于评估模型性能（测试集）。X_train 和 X_test 分别表示训练集和测试集的特征数据；y_train 和 y_test 分别表示训练集和测试集的目标数据。

```
from sklearn.model_selection import train_test_split
#导入 sklearn.model_selection 模块中的 train_test_split()函数

def split_data(data): #划分数据集
    target = data.loc[:, '是否离职'] #提取是否离职列作为标签，这是预测的目标
    data = data.drop(['是否离职'], axis=1) #删除是否离职列后，剩下的列作为数据
    X_train, X_test, y_train, y_test = train_test_split(data, target, test_size=0.3,
random_state=1) #将数据集 x 和 y 按照 0.3 的比例因子划分为训练集和测试集
    return X_train, X_test, y_train, y_test

X_train, X_test, y_train, y_test = split_data(data) #获得训练集和测试集
X_train  #输出训练集的特征数据
y_train  #输出训练集的目标数据
```

输出结果如下。

	满意度	最新考核评估	项目数/个	平均每月工作时长/小时	工作年限/年	是否出现工作事故	过去5年是否升职	IT	产品管理	人事	会计	技术	支持	研发	管理	营销	销售	中	低	高
3502	0.81	0.60	4	179	3	0	0	0.0	1.0	0.0	0.0	0.0	0.0	0.0	0.0	0.0	0.0	1.0	0.0	0.0
11545	0.58	0.79	3	243	3	1	0	0.0	0.0	0.0	0.0	0.0	0.0	0.0	0.0	0.0	1.0	1.0	0.0	0.0
6948	0.81	0.83	3	177	2	0	0	0.0	0.0	0.0	0.0	0.0	0.0	0.0	0.0	0.0	1.0	1.0	0.0	0.0
11304	0.57	0.90	5	145	3	0	0	0.0	0.0	0.0	1.0	0.0	0.0	0.0	0.0	0.0	0.0	0.0	1.0	0.0
3259	0.62	0.58	3	202	2	0	0	0.0	0.0	0.0	0.0	0.0	1.0	0.0	0.0	0.0	0.0	1.0	0.0	0.0
...	...	...	...	...	...	...	...	...	...	...	...	...	...	...	...	...	...	...	...	...
905	0.76	0.93	5	238	5	0	0	0.0	1.0	0.0	0.0	0.0	0.0	0.0	0.0	0.0	0.0	0.0	1.0	0.0
5192	0.73	0.88	4	236	3	1	0	0.0	0.0	0.0	0.0	1.0	0.0	0.0	0.0	0.0	0.0	0.0	1.0	0.0
12172	0.11	0.78	7	278	4	0	0	0.0	0.0	0.0	0.0	0.0	0.0	0.0	0.0	0.0	1.0	0.0	1.0	0.0
235	0.83	0.85	4	255	5	0	0	0.0	0.0	0.0	0.0	0.0	0.0	0.0	1.0	0.0	0.0	0.0	1.0	0.0
13349	0.75	0.93	3	247	2	0	0	0.0	0.0	0.0	0.0	1.0	0.0	0.0	0.0	0.0	0.0	0.0	0.0	1.0

```
10499 rows × 20 columns
3502     0
11545    0
6948     0
11304    0
3259     0
        ..
905      1
5192     0
12172    1
235      1
13349    0
Name: 是否离职, Length: 10499, dtype: int64
```

9.7 Min-Max 归一化预处理

9-2 Min-Max 归一化预处理

在机器学习中，为了提高模型的训练速度和效果，通常需要对数据进行归一化预处理。若训练集和测试集中的特征值分布范围差异很大，会导致模型训练过程中梯度方向与变化量不稳定，降低模型收敛速度。

Min-Max 归一化可将特征值映射到区间[0,1]，以消除特征值数值范围差异对模型训练的影响。具体地，MinMaxScaler()函数实现了最小最大归一化，它通过公式(x−min) / (max−min)将每个特征值 x 映射到区间[0,1]。因此，在模型训练前，需要使用 MinMaxScaler()函数对训练集和测试集的特征数据进行 Min-Max 归一化，可以加速模型的收敛速度，提高模型训练效果。

```
from sklearn.preprocessing import MinMaxScaler
#导入 sklearn.preprocessing 模块中的 MinMaxScaler 类

def normalize(X_train, X_test):     #归一化处理
    transfer = MinMaxScaler()       #构建缩放器
    X_train = transfer.fit_transform(X_train)    #将训练集中的值映射到区间[0,1]
    X_test = transfer.transform(X_test)          #将测试集中的值映射到区间[0,1]
    return X_train, X_test

X_train, X_test = normalize(X_train, X_test)
X_train, X_test
```

输出结果如下。

```
(array([[0.79120879, 0.375     , 0.4       , ..., 0.        , 0.        ,
         1.        ],
        [0.53846154, 0.671875  , 0.2       , ..., 0.        , 0.        ,
         1.        ],
        [0.79120879, 0.734375  , 0.2       , ..., 0.        , 0.        ,
         1.        ],
        ...,
        [0.02197802, 0.65625   , 1.        , ..., 0.        , 1.        ,
         0.        ],
        [0.81318681, 0.765625  , 0.4       , ..., 0.        , 1.        ,
         0.        ],
        [0.72527473, 0.890625  , 0.2       , ..., 1.        , 0.        ,
         0.        ]]),
 array([[0.63736264, 0.046875  , 0.        , ..., 0.        , 0.        ,
         1.        ],
        [0.46153846, 0.96875   , 0.4       , ..., 0.        , 0.        ,
         1.        ],
        [0.62637363, 0.28125   , 0.        , ..., 0.        , 1.        ,
         0.        ],
        ...,
        [0.92307692, 0.625     , 0.2       , ..., 0.        , 0.        ,
         1.        ],
        [0.78021978, 0.234375  , 0.6       , ..., 0.        , 1.        ,
         0.        ],
```

```
        [0.79120879, 0.984375  , 0.4       , ..., 0.        , 1.        ,
         0.        ]]))
```

9.8 构建和训练逻辑回归模型

9-3 构建和训练逻辑回归模型

当所有准备工作完成后，使用 Scikit-Learn 自带的包来训练模型。逻辑回归模型是一种二分类模型，用于预测样本属于哪一类。

```
from sklearn.linear_model import LogisticRegression
#导入 sklearn.linear_model 模块中的 LogisticRegression 类

#利用逻辑回归模型来预测员工离职风险
estimitor = LogisticRegression()    #构建逻辑回归模型，逻辑回归是一种二分类模型，用于预测样本属于哪一类
estimitor.fit(X_train,y_train)      #训练模型
```

9.9 预测和评估

当模型训练完成后，我们需要进行预测和评估。accuracy_score()函数用于将模型预测的结果与真实结果进行比较，计算出模型预测的准确率。classification_report()函数用于生成分类模型的评估报告，可计算出模型的精度、召回率、F1 值等指标，常用来评估模型的好坏。

```
from sklearn.metrics import accuracy_score, classification_report
#导入 sklearn.metrics 模块中的两个函数：accuracy_score()和 classification_report()
#预测和评估
y_pred = estimitor.predict(X_test) #对测试数据进行预测
print('准确率:', accuracy_score(y_test, y_pred)) #将模型预测的结果与真实结果进行比较，计算出模型的准确率。y_test 表示真实结果
print('分类报告：')
print(classification_report(y_test, y_pred))    #显示主要分类指标的文本报告
```

输出结果如下。

```
准确率：0.7891111111111111
分类报告：
              precision    recall  f1-score   support

           0       0.82      0.92      0.87      3416
           1       0.60      0.38      0.47      1084

    accuracy                           0.79      4500
   macro avg       0.71      0.65      0.67      4500
weighted avg       0.77      0.79      0.77      4500
```

输出结果显示，模型预测的准确率约为 0.7891，即 78.91%。函数对模型进行评估时，会输出每个类别（0、1）的精度、召回率、F1 值，以及宏平均（macro avg）和加权平均（weighted avg）等指标。其中，宏平均是指对每个类别的指标进行算术平均，而不考虑类别的样本数量。

本章习题

一、简答题

1．什么是员工离职风险预测？

2．Scikit-Learn 中的估计器是什么？

二、计算题

1．假设有一个包含 5 个样本的特征矩阵 X_train，如下所示。

X_train = [[0.5, 0.8, 0.2],
　　　　　[0.3, 0.6, 0.7],
　　　　　[0.1, 0.4, 0.9],
　　　　　[0.7, 0.2, 0.4],
　　　　　[0.9, 0.3, 0.6]]

使用 MinMaxScaler()对这个特征矩阵进行归一化处理，将特征值映射到区间[0,1]。请计算归一化后的 X_train。

2．假设有一个逻辑回归模型 estimator，并且已经使用测试集 x_test 进行了预测，得到了预测结果 y_pred，如下所示。

y_pred = [0, 1, 0, 1, 0, 1, 1, 0, 1, 0]

同时，测试集的真实标签 y_test 如下。

y_test = [0, 1, 1, 1, 0, 0, 1, 0, 0, 1]

请计算模型的准确率。

实　训

使用 Scikit-Learn 实现房价预测。

一、实训目的

通过这个实训，读者将学会使用 Scikit-Learn 构建房价预测模型，以及从数据预处理到模型训练和评估等关键步骤。这将帮助读者在商业实际应用中通过机器学习技术来解决类似的预测问题。

二、实训步骤

步骤 1：数据收集和理解。

收集房屋特征数据和对应的房屋销售价格数据，理解数据的结构和含义。

步骤 2：数据预处理。

进行数据预处理，处理缺失值、异常值，进行特征映射等。将数据转换成适合模型输入的格式。

步骤 3：数据集划分为训练集和测试集。

将数据集划分为训练集和测试集，通常将一部分数据用于训练模型，另一部分用于评估模型性能。

步骤 4：模型构建。

使用 Scikit-Learn 构建预测模型，如线性回归、决策树回归等。

步骤 5：模型训练。

使用训练集来训练模型。

步骤 6：模型评估。

使用测试集来评估模型的性能。

步骤 7：结果可视化。

绘制模型预测值与真实值的对比图，以便观察模型的预测效果。

第10章 航班乘客数预测

航空公司需要准确预测未来航班的乘客数，以便进行航班规划和票价定价。本章将介绍如何使用 PyTorch 的 LSTM（长短期记忆）模型对航班乘客数进行预测，内容包括 PyTorch 的基础知识（如张量、自动微分、神经网络、GPU 加速等），并运用 LSTM 模型完成时间序列预测任务。读者将熟练掌握 PyTorch 的使用方法，并能应用循环神经网络模型解决时间序列预测问题。

【学习目标】

- 掌握 PyTorch 的基本概念和构件，包括张量、自动微分、神经网络、数据加载和 GPU（图形处理单元）加速等，理解 PyTorch 的工作机制。
- 能运用 LSTM 等循环神经网络模型对时间序列数据进行建模和预测，并采用滑动窗口等方法构造训练集和测试集。
- 熟练完成 PyTorch 中的模型定义、模型训练过程，以及对模型进行测试和评估，实现时间序列预测任务。

10.1 PyTorch 简介

PyTorch 是 Facebook 推出的开源 Python 机器学习库。它基于 Torch 库进行构建，从 Lua 转向了使用更广泛的 Python。PyTorch 既可以作为 NumPy 的 GPU 加速替代进行科学计算，也可以作为一个灵活且高效的深度学习平台，用于研发和部署深度神经网络。

PyTorch 具有以下特点。

- 提供 Tensor 数据结构和支持 GPU 加速运算，可实现类似于 NumPy 的高性能数值计算。
- 支持动态建模和自动求导，通过 Autograd 机制实现对神经网络的快速迭代和调试。
- 模块化和组件化设计，可灵活组建自定义的神经网络。
- 具有丰富的机器学习算法库。

- 与 Python 生态深度集成，从研发到部署一体化。

PyTorch 为 Python 的深度学习和科学计算提供了专业级的框架和工具，是当今最主流的深度学习平台之一。

10.2 安装 PyTorch 库

PyTorch 作为一个开源的 Python 机器学习库，其安装需要参考官方网站提供的对应于操作系统和 Python 环境的指引。官方网站地址为 https://pytorch.org/get-started/locally/，供用户选择安装的 PyTorch 版本、运行环境、安装方式和编程语言等，如图 10-1 所示。

PyTorch Build	Stable (2.0.0)		Preview (Nightly)	
Your OS	Linux	Mac	Windows	
Package	Conda	Pip	LibTorch	Source
Language	Python		C++ / Java	
Compute Platform	CUDA 11.7	CUDA 11.8	~~ROCm 5.4.2~~	CPU
Run this Command:	pip3 install torch torchvision torchaudio			

图 10-1　PyTorch 官方网站

官方网站说明足够详细和清晰，用户可根据自身需求选择适当的 PyTorch 版本及安装方式，即可成功安装 PyTorch。例如，根据官方网站页面中的提示，分别选择 PyTorch 2.0.0，Windows 系统，Pip 安装方式、Python、CPU 计算平台，对应的命令为 pip3 install torch torchvision torchaudio。PyTorch 库成功安装后如图 10-2 所示。

```
C:\Development\Python\Python311\Scripts>pip3 install torch torchvision torchaudio
Looking in indexes: https://pypi.tuna.tsinghua.edu.cn/simple
Collecting torch
  Downloading https://pypi.tuna.tsinghua.edu.cn/packages/7f/fd/1438b0c44639d106892b19d386611fefd5add11d339ff623ac7
.0-cp311-cp311-win_amd64.whl (172.3 MB)
     ---------------------------------------- 172.3/172.3 MB 308.7 kB/s eta 0:00:00
Collecting torchvision
  Downloading https://pypi.tuna.tsinghua.edu.cn/packages/5d/50/30dfe7f20f670d232f5d57fc7a01a30329930a980610aa66662
on-0.15.1-cp311-cp311-win_amd64.whl (1.2 MB)
     ---------------------------------------- 1.2/1.2 MB 342.5 kB/s eta 0:00:00
Collecting torchaudio
  Downloading https://pypi.tuna.tsinghua.edu.cn/packages/bc/c2/288d83b4259c9bba38e8fa75b34dfb1b69bd70a669b1d16d6cc
o-2.0.1-cp311-cp311-win_amd64.whl (2.1 MB)
     ---------------------------------------- 2.1/2.1 MB 739.9 kB/s eta 0:00:00
Requirement already satisfied: filelock in c:\development\python\python311\lib\site-packages (from torch) (3.9.0)
```

图 10-2　PyTorch 库成功安装后

官方网站也提供了各种安装故障的解决方案。读者熟练掌握 PyTorch 的安装过程，是使用其进行模型搭建和模型训练的先决条件。

10.3　导入相关库

```
import torch
import torch.nn as nn
import numpy as np
import matplotlib.pyplot as plt

plt.rcParams['font.family'] = ['simsun']
plt.rcParams['axes.unicode_minus'] = False
```

10.4　PyTorch 基础知识

PyTorch 基础知识包括张量、自动微分技术的应用、神经网络的构建与训练、数据加载的处理方式，以及 GPU 加速在深度学习中的重要作用等。这些知识为读者提供了掌握和应用深度学习框架的前提，可为构建和训练复杂模型奠定坚实的基础。

10.4.1　张量

PyTorch 中的基本数据结构是张量（Tensor），它是一种多维数组，类似于 NumPy 中的数组。PyTorch 中的张量可以在 CPU 或 GPU 上运行，可以使用 torch.Tensor()函数创建张量。

（1）张量的创建

使用 torch.Tensor()函数可创建任意维度的张量。在创建张量时，列表或数组可以作为其参数，表示张量的值。

```
x = torch.Tensor([1, 2, 3])                #创建一个一维张量
y = torch.Tensor([[1, 2], [3, 4]])         #创建一个二维张量
z = torch.Tensor([[[1, 2], [3, 4]], [[5, 6], [7, 8]]])  #创建一个三维张量
x
y
z
```

输出结果如下。

```
tensor([1., 2., 3.])
tensor([[1., 2.],
        [3., 4.]])
tensor([[[1., 2.],
         [3., 4.]],

        [[5., 6.],
         [7., 8.]]])
```

（2）张量的形状

张量的形状是指张量的维度和大小，可以使用 shape 属性或 size()方法来获取张量的形状。它们返回 torch.Size()对象，其中包含张量的维度和大小。也可以使用 view()、reshape()和 resize_()方法来改变形状。

```
z.shape             #获取张量的形状
z.size()            #获取张量的形状
z.view(2, 4)        #改变张量的形状，2 行 4 列
z.reshape(1, 8)     #改变张量的形状，1 行 8 列
z.resize_(2, 4)     #将张量 z 就地重塑为 2 行 4 列的形状
```

输出结果如下。

```
torch.Size([2, 2, 2])
torch.Size([2, 2, 2])
tensor([[1., 2., 3., 4.],
        [5., 6., 7., 8.]])
tensor([[1., 2., 3., 4., 5., 6., 7., 8.]])
tensor([[1., 2., 3., 4.],
        [5., 6., 7., 8.]])
```

（3）张量的类型

张量的类型包括标量张量、向量张量、矩阵张量和高阶张量，可以使用 type()函数来获取张量的类型。

```
scalar = torch.tensor(5)                  #创建标量张量
vector = torch.tensor([1, 2, 3])          #创建向量张量
matrix = torch.tensor([[1, 2], [3, 4]])#创建矩阵张量
tensor_3d = torch.tensor([[[1, 2], [3, 4]], [[1, 2], [3, 4]]])
#创建高阶张量

type(scalar)            #输出 torch.Tensor
type(vector)            #输出 torch.Tensor
type(matrix)            #输出 torch.Tensor
type(tensor_3d )        #输出 torch.Tensor
```

（4）张量的索引

可以使用 x[index]获取张量中的元素，如 x[0]。

（5）张量的切片

可以使用 x[start:end]获取张量中的一部分，如 x[1:3]。

（6）张量的运算

可以使用张量进行各种数学运算，如 x+y、x-y、x*y 和 x/y 等。

（7）张量的转换

可以使用 numpy()方法将张量转换为 NumPy 数组，也可以使用 torch.from_numpy()方法将 NumPy 数组转换为张量。

```
a = torch.randn(2, 3)       #生成一个 2 行 3 列的张量
a
b = a.numpy()               #将张量转换为 NumPy 数组
b
c = torch.from_numpy(b)     #将 NumPy 数组转换为张量
c
```

输出结果如下。

```
tensor([[ 1.5684,  0.8618, -0.1208],
        [-0.7886,  0.8747,  0.2086]])
```

```
array([[ 1.5684261 ,  0.86183697, -0.12076513],
       [-0.78855705,  0.87471426,  0.20856597]], dtype=float32)
tensor([[ 1.5684,  0.8618, -0.1208],
        [-0.7886,  0.8747,  0.2086]])
```

首先生成一个 2 行 3 列的张量 a，然后将其转换为 NumPy 数组 b，最后将 NumPy 数组 b 转换为张量 c。

10.4.2　自动微分

PyTorch 提供了自动微分功能，可以自动计算梯度，这使得模型训练更加容易。首先使用 torch.tensor()函数来定义张量，然后使用 backward()函数计算梯度。

```
x = torch.tensor(2.0, requires_grad=True)
#定义张量 x，并将 requires_grad 设置为 True，以便 PyTorch 跟踪它的计算历史
y = x**2             #定义新的张量 y，它是 x 的平方
y.backward()         #调用 backward()函数来计算 y 相对于 x 的导数
x.grad               #输出 tensor(4.)
```

10.4.3　神经网络

PyTorch 提供了 torch.nn 模块，可以帮助开发者轻松地构建和训练神经网络模型。首先使用 torch.nn.Module()类定义神经网络模型，然后使用 Adam 优化器优化模型参数，进行模型训练。

```
import torch.nn as nn

# 定义神经网络模型类
class NeuralNet(nn.Module):
    # 初始化方法，定义模型的结构
    def __init__(self, input_size, hidden_size, num_classes):
        # 调用父类构造方法
        super(NeuralNet, self).__init__()

        # 定义第一个全连接层（输入层到隐藏层）
        self.fc1 = nn.Linear(input_size, hidden_size)

        # 定义激活函数（ReLU()）
        self.relu = nn.ReLU()

        # 定义第二个全连接层（隐藏层到输出层）
        self.fc2 = nn.Linear(hidden_size, num_classes)

    # 前向传播方法，定义数据从输入到输出的流程
    def forward(self, x):
        # 第一个全连接层的计算
        out = self.fc1(x)

        # 应用激活函数
        out = self.relu(out)

        # 第二个全连接层的计算
```

```
        out = self.fc2(out)

        # 返回模型的输出
        return out

# 创建一个神经网络实例，指定输入大小、隐藏层大小和类别数
model = NeuralNet(input_size=28*28, hidden_size=500, num_classes=10)

# 使用 Adam 优化器，设置学习率为 0.01，优化模型参数
optimizer = torch.optim.Adam(model.parameters(), lr=0.01)
```

10.4.4 数据加载

PyTorch 提供了 torch.utils.data 模块，可以帮助开发者轻松地加载和处理数据。首先使用 torch.utils.data.Dataset()类定义数据集，然后使用 torch.utils.data.DataLoader()函数创建数据加载器，用来批量加载数据。

```
import torch
from torch.utils.data import Dataset
from torch.utils.data import DataLoader

# 自定义数据集类，继承自 PyTorch 的 Dataset 类
class CustomDataset(Dataset):
    def __init__(self):
        # 初始化方法，用于定义数据内容
        pass

    def __len__(self):
        # 返回数据集的大小
        pass

    def __getitem__(self, idx):
        # 根据索引 idx 获取样本
        pass

# 创建自定义数据集实例
dataset = CustomDataset()

# 创建数据加载器实例，用于批量加载数据
# 参数说明
# dataset: 要加载的数据集
# batch_size: 每个批次的样本数量
# shuffle: 是否在每轮训练中随机打乱数据
dataloader = DataLoader(dataset, batch_size=64, shuffle=True)
```

10.4.5 GPU 加速

PyTorch 可以使用 GPU 加速，即使用 torch.cuda 模块将张量和模型移动到 GPU 上运行。

```
# 判断 cuda 模块是否可用
device = torch.device("cuda" if torch.cuda.is_available() else "cpu")
```

```
# 创建张量
x = torch.tensor([1., 2.], device=device)

# 创建模型
model = NeuralNet().to(device)

# 训练
model.train()
optimizer.zero_grad()
output = model(x)
loss = loss_fn(output, y)
loss.backward()
optimizer.step()
```

10.5 读取数据

10-1 读取数据

首先将数据集读入变量，该数据集中包含两个字段：Month 和 Passengers。Month 表示月份，格式为 YYYY-MM；Passengers 表示该月的航班乘客数，单位为千人。其中，data 是时间序列数据，passengers 是一个列表，表示每个时间步的乘客数。

```
with open("data/international-airline-passengers.csv", "r", encoding="utf-8") as f:
#with 语句打开一个文件，并将其内容读取到变量中。它使用 open()函数打开文件，指定了文件路径、打开模式和编码方式
    next(f)  #跳过第 1 行，因为第 1 行是标题
    data_csv = f.read()  #将文件内容读取到变量 data_csv 中
data = [row.split(',') for row in  data_csv.split("\n")] #将 data_csv 中的每一行字符串按逗号分隔成多个子字符串，并返回一个包含这些子字符串的列表
passengers = [int(each[1]) for each in data] #将列表变量 data 中的每个元素的第二个字符转换为整数，并返回一个新的列表。
passengers[:10] #输出前 10 个月每月的航班乘客数
```

输出结果如下。

```
[112, 118, 132, 129, 121, 135, 148, 148, 136, 119]
```

10.6 数据预处理

10-2 数据预处理

接下来首先使用滑动窗口方法创建基于航班乘客数的时间序列数据，然后将时间序列数据转换成满足模型输入要求的训练集和测试集。这样就可以使用前两天的航班乘客数来预测第 3 天的航班乘客数。

```
seq_len = 2   #时间序列长度
X = []
y = []
for i in range(len(data) - seq_len):
    #在循环中，i 表示当前序列的起始位置，X 和 y 分别表示输入和输出
    X.append(passengers[i:i+seq_len])
    #将第 i 到 i+seq_len-1 个时间步的乘客数作为一个序列添加到 X 中
    y.append(passengers[i+seq_len])
    #将第 i+seq_len 个时间步的乘客数作为输出添加到 y 中
```

```
        #将数据集分为训练集和测试集
    train_size = int(len(y)*0.7)     #训练集大小
    test_size = len(y) - train_size #测试集大小

    train_X = (torch.tensor(X[:-train_size]).float()/1000.).reshape(-1, seq_len, 1)
#train_X 是训练集的输入
    train_y = (torch.tensor(y[:-train_size]).float()/1000.).reshape(-1, 1)
#train_y 是训练集的输出
    test_X = (torch.tensor(X[-train_size:]).float()/1000.).reshape(-1, seq_len, 1)
    test_y = (torch.tensor(y[-train_size:]).float()/1000.).reshape(-1, 1)
    train_X[:5] #训练集的输入
    train_y[:5] #训练集的输出
```

上述代码使用了 PyTorch 中的 torch.tensor()函数将数据转换为张量，并使用 float()函数将其转换为浮点型数据类型。这里将数据除以 1000 是为了将数据映射到一个较小的范围内，以便更好地进行模型训练。reshape()函数以指定的形状重新调整张量以作为模型的输入数据，其中第一个参数-1 表示自动计算数组的长度（相当于 n/seq_len），作为批量大小；第二个参数 seq_len 表示每个子数组的长度，作为序列长度；第三个参数 1 表示输入特征数。

输出结果如下。

```
    tensor([[[0.1120],
             [0.1180]],

            [[0.1180],
             [0.1320]],

            [[0.1320],
             [0.1290]],

            [[0.1290],
             [0.1210]],

            [[0.1210],
             [0.1350]]])
    tensor([[0.1320],
            [0.1290],
            [0.1210],
            [0.1350],
            [0.1480]])
```

10.7 定义神经网络模型

10-3 定义神经网络模型

定义一个名为 Net 的类（神经网络模型），该类继承自 nn.Module，并包含两个成员变量：lstm 和 linear。LSTM 是一种循环神经网络，它可以对时间序列数据进行建模，捕捉时间序列数据中的长期依赖关系。Linear 是一种线性网络（全连接层），它将 LSTM 网络的输出结果映射为一个实数，用于预测时间序列的未来趋势。

在模型的初始化函数中，首先调用 nn.Module 的构造函数，然后定义一个 LSTM 网络和一个 Linear 网络。在 LSTM 网络中，输入数据格式为(batch_size, seq_len, input_size)，因为 batch_first 为 True。其中，batch_size 表示批量大小，seq_len 表示序列长度，input_size 表示输入特征数。输出数据格式为(batch_size, seq_len, hidden_size)，其中 hidden_size 表示隐藏单元数量。num_layers=1 表示只有一个 LSTM 层。

在模型的前向传播函数中，首先将输入数据 input 传入 LSTM 层中，得到输出结果 lstm_out，以及隐藏状态 h 和单元状态 c。然后将 lstm_out 的形状通过 reshape()函数重新调整形状为(batch_size, 32*seq_len)的二维张量，最后将其传入全连接层中，得到最终的输出结果 pred。

```
class Net(nn.Module): #定义一个名为 Net 的类，继承自 nn.Module
    def __init__(self): #初始化函数，定义网络结构
        super(Net, self).__init__()  #调用父类的初始化函数
        self.lstm = nn.LSTM(input_size=1, hidden_size=32, num_layers=1, batch_first=True)
# 定义一个 LSTM 层，输入特征数为 1（只有乘客数），隐藏状态大小为 32，层数为 1，batch_first 为 True
        self.linear = nn.Linear(32*seq_len, 1) #定义一个线性层，将 32*seq_len 个输入特征映射到 1 个输出特征（预测下个月乘客数）

    def forward(self, input): #前向传播函数
        lstm_out, (h, c) = self.lstm(input) #将输入 input 输入 LSTM 层，得到输出结果 lstm_out、隐藏状态 h 和单元状态 c
        x = lstm_out.reshape(-1, 32*seq_len) #将 lstm_out 变成一个形状为(-1, 32*seq_len)的二维张量
        pred = self.linear(x) #将 x 输入线性层，得到输出 pred
        return pred #输出 pred
```

10.8 定义优化器和损失函数

定义神经网络模型之后，接下来构建一个神经网络模型实例，定义一个 Adam 优化器并定义一个均方误差损失函数。其中，Adam 优化器用于更新模型参数，学习率为 0.003；均方误差损失函数用于计算模型预测值与真实值之间的误差。

```
model = Net() #创建一个 Net 类的实例，即一个神经网络模型
optimizer = torch.optim.Adam(model.parameters(), lr=0.003)
#定义一个 Adam 优化器，用于更新模型参数，学习率为 0.003
loss_fun = nn.MSELoss()
#定义一个均方误差损失函数，用于计算模型预测值与真实值之间的误差
```

10.9 训练模型

将模型设置为训练模式，进行 300 轮训练，计算损失，更新模型参数，输出训练损失和测试损失。其中，将模型设置为训练模式是为了启用 dropout 等训练时使用的特殊操作；每轮训练中，将训练数据 train_X 输入模型，得到模型的输出 output，然后计算模型输出 output 与训练标签 train_y 之间的均方误差损失；执行一次反向传播以计算梯度，然后使用优化器来

更新模型参数；每 20 轮输出一次训练损失和测试损失，其中，将测试数据 test_X 输入模型，得到模型的输出 output，然后计算模型输出 output 与测试标签 test_y 之间的均方误差损失。

```
model.train() #将模型设置为训练模式

for epoch in range(300): #进行 300 轮训练
    output = model(train_X) #将训练数据 train_X 输入模型中，得到模型的输出 output
    loss = loss_fun(output, train_y) #计算模型输出 output 与训练标签 train_y 之间的均方误差损失
    optimizer.zero_grad() #将优化器的梯度清零
    loss.backward() #反向传播计算梯度
    optimizer.step() #使用优化器更新模型参数
    if epoch % 20 == 0 and epoch > 0: #每 20 轮输出一次训练损失和测试损失
        test_loss = loss_fun(model(test_X), test_y) #将测试数据 test_X 输入模型，得到模型的输出 output。计算模型输出 output 与测试标签 test_y 之间的均方误差损失
        print(f"epoch:{epoch}, loss:{loss}, test_loss: {test_loss}") #输出当前轮数、训练损失和测试损失
```

输出结果如下。

```
Net(
  (lstm): LSTM(1, 32, batch_first=True)
  (linear): Linear(in_features=64, out_features=1, bias=True)
)
epoch:20, loss:0.0006481355521827936, test_loss: 0.020226670429110527
epoch:40, loss:0.0006019475404173136, test_loss: 0.017552122473716736
epoch:60, loss:0.0005404037656262517, test_loss: 0.013933100737631321
epoch:80, loss:0.00046177153126336634, test_loss: 0.009318958967924118
epoch:100, loss:0.00038832807331345975, test_loss: 0.005033852532505989
epoch:120, loss:0.0003583855286706239, test_loss: 0.0031017896253615618
epoch:140, loss:0.00035422120708972216, test_loss: 0.0028107312973588705
epoch:160, loss:0.00035035586915910244, test_loss: 0.0028157501947134733
epoch:180, loss:0.00034626724664121866, test_loss: 0.0028064781799912453
epoch:200, loss:0.00034172830055467784, test_loss: 0.002761009382084012
epoch:220, loss:0.00033658783650025725, test_loss: 0.002710191300138831
epoch:240, loss:0.00033071081270463765, test_loss: 0.0026594914961606264
epoch:260, loss:0.00032395365997217596, test_loss: 0.0026049448642879725
epoch:280, loss:0.000316212244797498, test_loss: 0.0025445076171308756
```

从输出结果可以看出，随着训练轮数的增加，均方误差损失值逐渐减小，说明神经网络模型的预测精度逐渐提高。在模型训练过程中，模型通常会根据均方误差损失值的变化来调整神经网络的参数，以提高模型的预测精度。

10.10 测试模型

将模型设置为评估模式，构造预测结果并绘制实际值和预测值的折线图。其中，将模型设置为评估模式是为了关闭 dropout 等训练时使用的特殊操作。构造预测结果时，首先取出原始数据 X 中的第一个序列，去掉最后一个时间步；然后将训练数据和测试数据输入模型，得到模型的输出结果，将结果变成一维张量并乘 1000；最后将训练数据和测试数据的预测结

果拼接起来，得到完整的预测结果。绘制实际值和预测值的折线图时，将原始数据的实际值和预测值绘制在同一张图上，并添加图例。

```
model.eval() #将模型设置为评估模式
X[0] #构造预测结果
result = X[0][:seq_len-1] + list((model(train_X).data.reshape(-1))*1000) + list((model(test_X).data.reshape(-1))*1000)
plt.plot(passengers, label="实际值") #绘制实际值和预测值的折线图
plt.plot(result, label="预测值")
plt.legend(loc='best')
```

输出结果如图 10-3 所示。

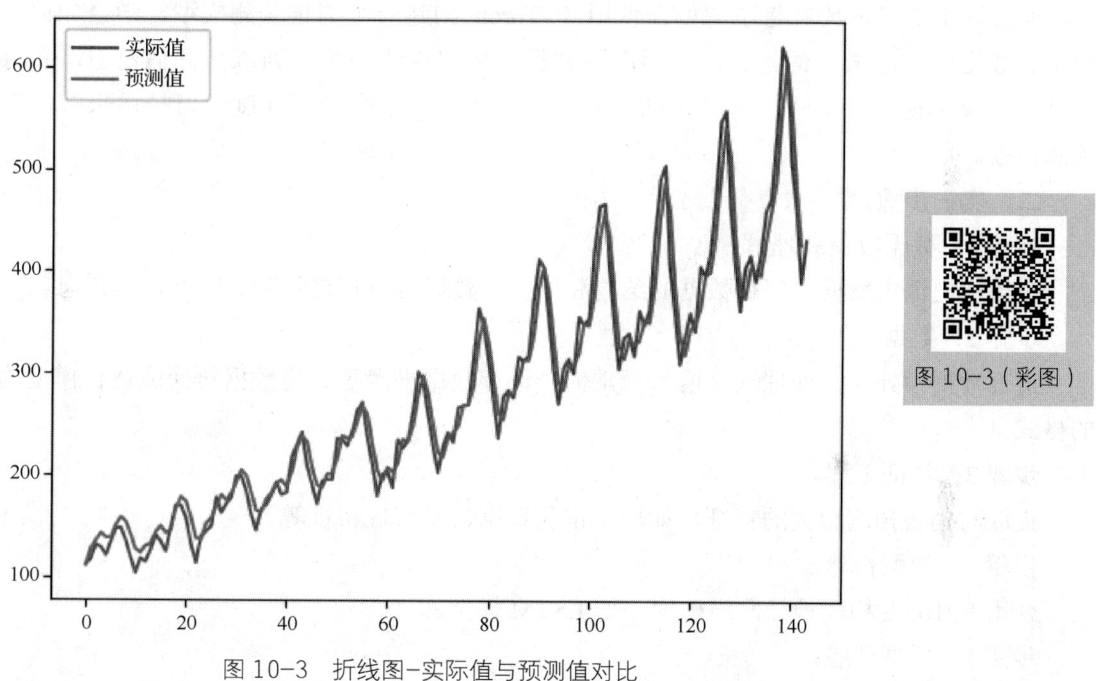

图 10-3　折线图-实际值与预测值对比

在图 10-3 中，我们可以观察到，基于 LSTM 的模型预测值折线与实际值折线非常接近，整体趋势一致。这是由于 LSTM 网络结构中循环单元和门控机制的设计使其能够记住历史信息，从而对时间序列具有较好的建模能力。本例充分验证了循环神经网络 LSTM 在处理时间相关数据方面的优势，展示了其在时间序列预测任务中的效果。

本章习题

一、简答题

1．什么是 LSTM 模型？

2．PyTorch 中的自动微分是什么？

二、计算题

1．如果将一个形状为(3, 4, 5)的张量的形状变为(2, 15)，结果中的元素如何排列？

2．假设有一个训练集的输出结果 train_y，其中包含前 10 个时间步的乘客数（单位为千人），train_y = [120, 130, 140, 150, 160, 170, 180, 190, 200, 210]。现在要将乘客数单位转换成百万人，即除以 1000，得到一个新的张量。请使用 PyTorch 完成这个计算，并输出结果。

实　训

使用 PyTorch 从历史销售数据中预测未来销售额。

一、实训目的

通过这个实训，读者将了解如何使用 PyTorch 构建一个销售预测模型，学会如何从历史销售数据中预测未来销售额，包括准备数据、构建神经网络、训练和评估模型，并将模型预测结果可视化等步骤。这将帮助读者在商业实际应用中通过深度学习技术来解决销售预测问题。

二、实训步骤

步骤 1：数据收集和理解。

收集历史销售数据，理解数据的结构和含义。数据应包括销售额、时间戳等信息。

步骤 2：数据预处理。

进行数据预处理，处理缺失值、异常值，进行数据平滑等。将数据转换成适合模型输入的格式。

步骤 3：特征工程。

提取与销售预测相关的特征，如历史销售数据、季节性特征等。

步骤 4：模型构建。

使用 PyTorch 构建神经网络模型，如 LSTM 模型。

步骤 5：模型训练。

使用训练数据来训练模型，定义优化器和损失函数。

步骤 6：模型评估。

使用测试数据来评估模型的性能。

步骤 7：结果可视化。

绘制预测结果与真实值的对比图，以便观察模型的预测效果。